U0058791

不說你不知道！
歷史老師沒教到的
幽默物語

「歷史上有太多的匪夷所思，有太多的黑色幽默。」

如果未曾載於正式史冊，有的故事就會消失在教科書的字裡行間，
翻頁過去，那些不為人所知的有趣傳聞也會跟著過去……

中國著名文史學者——劉繼興

用犀利卻詼諧的文筆敘述那些未聞未知的幽默野史，
在正史之餘添加趣味的閱讀佐料，讀來更加有滋有味！

前言

歷史有多重功能，其中一個功能長期被人所忽視，那就是娛樂功能。即有趣的歷史能給人帶來愉悅的感受，使你不禁為之莞爾一樂或開懷大笑。

歷史的這一功能，既可使人們在閱讀的快樂中引發思考得到啟迪，更可緩解人生的種種壓力，為沉悶的人生透一口氣。

歷史上有太多的幽默值得我們去玩味。而這種真實歷史的幽默，比那些創作出來的幽默更有力量，更能引起讀者心靈的震撼。

北宋史料筆記中的代表作《澠水燕談錄》中，記載了這樣一則有趣的事情：有一位筆吏，擬為一貴侯作傳。此侯早年以殺豬為生計，乃一屠戶。倘若照直寫之，似有所不雅；倘若回避不書，又恐有失真實。於是他便去請教一位叫胡旦的老筆吏。

胡旦告之曰：「可寫『貴侯早年操刀為業，即有主宰天下大志』，可兩全其美矣！」

小筆吏為之嘆服。這位老筆吏真是妙筆生花，出語不凡。假使那位貴侯是員武將，恐怕老先生還要這樣描繪之：「少時執刃，即令群豬喪膽；將軍風度，其時已露端倪。」

《澠水燕談錄》裡還有這樣一個嘲諷清談務虛者的故事，很有趣。說是王安石變法時，有些士大夫很喜歡談論水利。有一人說要抽乾梁山的水，把它改造成農田。別人便問他：「梁山泊是古代的巨野澤，面積有好幾百里，現在抽乾了它的水來造田，如果一秋夏之間洪水匯集，把它們容納於何處呢？」劉貢父剛巧在屋，不慌不忙地說：「這有什麼關係，只要在梁山泊的旁邊鑿一個大湖，面積大小正好與梁山泊等，不就可以容納那些積水了嗎。」滿座的人大笑，那個胡說要改造梁山泊的人，羞得無地自容。

這個故事既諷刺了一些不學無術、不切實際、誇誇其談的官吏；又讚美了劉貢父的機智、俏皮，讓人在忍俊不禁之中深思，很有深度。

徜徉史海，這樣的趣味文字隨處可見。讀之可使人「開茅塞，除鄙見，得新知，增學問，廣識見，養性靈」，正如宋人尤袤所說的那樣：「飢讀之以當肉；寒讀之以當裘；孤寂而讀之，以當朋友；幽憂而讀之，以當金石琴瑟也。」

要從歷史中讀出快樂，就要有好的讀本，尤其是妙趣橫生的歷史讀本。因為趣味是最佳的閱讀佐料，快樂是學習最好的老師。有趣的歷史往往湮沒於佶屈聱牙的文牘之中，就得有人替讀者去沙中淘金，擷取幽默之歷史片羽，薈萃於一冊，如眾多珍珠穿於一線，供大家集中之欣賞。拙著《**不說你不知道！歷史老師沒教到的幽默物語**》就這樣應運而生，力爭以獨特的視角、新穎的說法、幽默的語言、流暢的表達去深入淺出地去解讀歷史，推陳出新，雅俗共賞。既有激情之演繹，又發散著理性的光芒，給讀者以新鮮、快樂的閱讀體驗。使讀者在愉悅的讀史過程中，不僅能看清歷史的底色，而且能掌握適合自己的、古為今用的方法論。

歷史是永恆的熱門題材，歷史人物與歷史事件是解析歷史的最好切入點。歷史上有太多的匪夷所思，有太多的黑色幽默，對於歷史的洞穿性認識，把史上曾經發生過的各種幽默故事、幽默人物、幽默事件、幽默現象，觸類旁通地進行廣闊的連繫，結合現實，有所闡發，讓受眾讀後恍然明白其來龍去脈，加深我們對於社會、歷史、文化等等的理解，確立知人樂天的人生態度。

本書是由一段段鮮為人知但又讓人不能不看的歷史趣聞組成的，之所以要這樣寫作，其原因有三：一是追求精緻。每篇都注重高度的凝練，再宏大的歷史場景與延續，都以幾千字說清，獨立成篇，可適應當今閱讀之快節奏，且能涵蓋更多的歷史層面。二是以小見大。從歷史的一個切面去剖析，往往比按部就班去研究要有效得多。聚焦典型人物與典型事件的某一個閃光點或笑點，折射其隱藏在歷史深處的東西，特別是其所處時代所發生的重要史實，可見我們千古不變的世道人心。以往活在模型化的古代人物名字，因為有了這些故事，立刻栩栩如生，如同活在當下。三是突出趣味。我們都知道，趣味的東西都不可太長，如果篇幅長了，再有趣的東西也難免灌水，使人覺得無趣，幽默大師馬克．吐溫的長篇小說都很有趣，但當今很少有人願意去看，就是因為覺得太長了。以短篇集結成書，可使內容更廣泛與視野的更為開闊，從而也確保了看點與笑點多多。

星沉海底當窗見，雨過河源隔座看。歷史，從來不缺乏風景，缺乏的是發現風景的眼睛。在這裡，歷史不再是過去冷冰冰的史官文字，不再是專業學者枯燥無味的考據論文，而是一篇篇直指人心、發人深思之作，且極為通俗，稍識文字者即可看懂。讀來蕩氣迴腸，一唱三嘆。書中的雷人趣事或許讓你拍案叫絕開懷大笑，或許讓你瞭然於胸莞爾一笑，或許讓你如芒在背赧顏苦笑……幽默的往往不是歷史，正是我們自己。

正如義大利著名歷史學家、哲學家克羅采所說：「一切歷史皆是當代史。」我們在讀這些歷史趣聞時，笑之餘，可能會別有一番滋味在心頭。

劉繼興　於二〇一一年十月九日

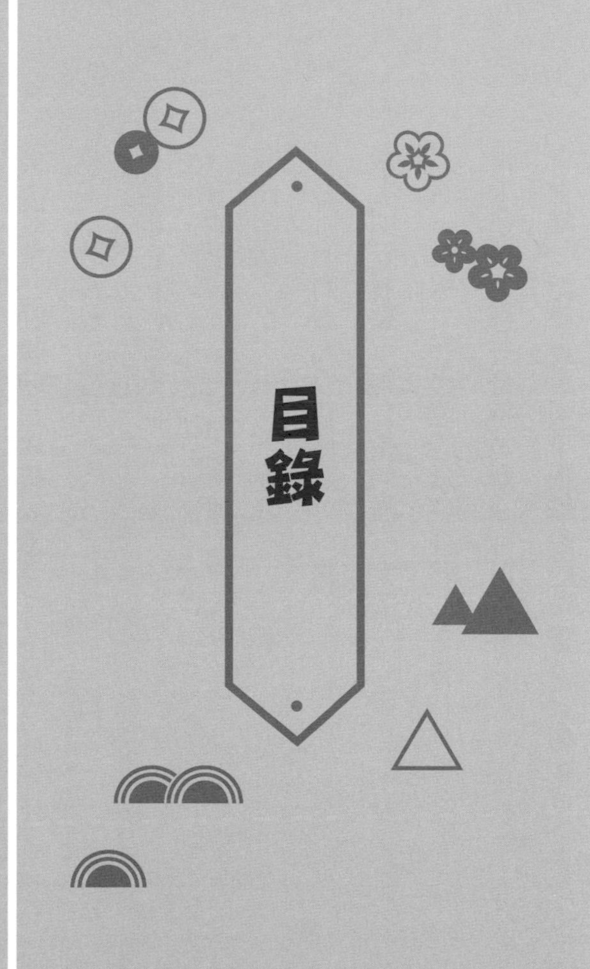
目錄

非常人事篇

笑傲江湖篇

史海探祕篇

刨根問底篇

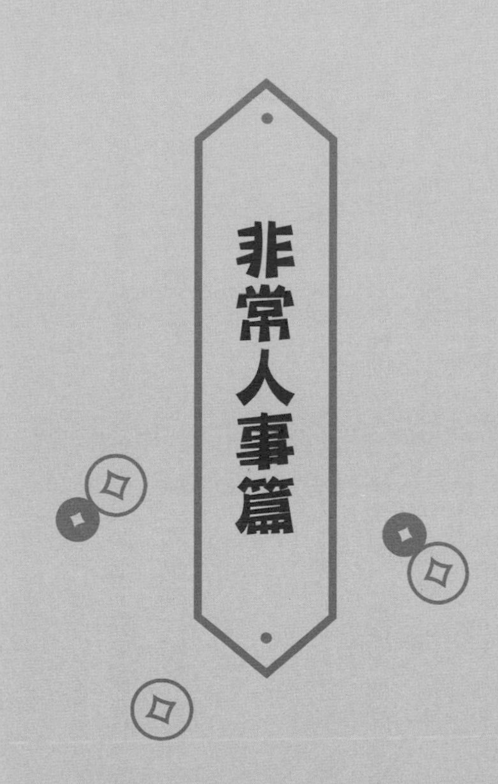

非常人事篇

史上最驚心動魄的七場棋局風雲

圍棋和象棋都是中國源遠流長的娛樂活動，歷代都有一些令人拍案叫絕的下棋故事。史上有這麼不尋常的七局棋，讀來讓人驚心動魄。

其一：

東晉時期，爆發了一場以少勝多的著名戰爭——淝水之戰。東晉以八萬人馬，打敗了號稱百萬人馬的前秦八十萬大軍。當捷報傳回建康的時候，謝安正跟朋友下棋，他隨意看過後，便擱置一旁，繼續下棋，似乎一切皆在意料之中。友人相問，他只是淡淡的說沒什麼，只是小孩子們已經把敵人打敗了。《世說新語》是這樣記載此事的：「謝公與人圍棋，俄而謝玄淮上信至，看書竟，默然無言，徐向局。客問淮上利害，答曰：『小兒輩大破賊。』意色舉止，不異於常。」

難怪古語說，胸有驚雷而面如明湖者，方可拜上將軍。謝安「不異於常」繼續下棋的超然風度，「小兒輩大破賊」的淡淡之語，令我等凡夫俗子看得目瞪口呆。用現在的話來說，謝公真是「酷斃了」、「帥呆了」。

其二：

吳國的丞相顧雍是有名的棋迷。吳太子孫和反對下棋，把下棋說得一無是處。顧雍是丞相，位高權重，對太子的話裝作沒聽見，照舊在宮邸與賓客弈棋。一次，棋戰正酣，他在外地做官的兒子顧劭重病身亡了。顧雍聞訊面不改色，對弈如故。但在棋桌下面，卻以指甲用力地掐手掌上的肉，掐得血都流了來，以發洩心中的痛苦。

在三國的政治家中，顧雍有「東吳名相」之譽。他在吳國名臣張昭、孫邵之後執掌相位，輔佐孫權，是個有大功勞的人物。史書說他氣度恢宏、處變不驚，從他弈棋的故事可見一斑。顧雍辦事有自己的獨到見解和主意，考慮問題周到全面，處理問題穩妥，很講究方式方法，吳國在他的治理下出現了全面興盛和繁榮。

其三：

東漢名士、名列建安七子之首的孔融，是當時有名的文臣。《三字經》中「融四歲，能讓梨」的「融」說的就是他。他為人耿介不狷，素為把持朝政的曹操所憎恨。一次，曹操找了個「莫須有」的罪過，把他抓起來。這時孔融的九歲兒子和七歲女兒正在下棋，有人勸他們趕快逃命，兄妹倆回答說：「哪裡有毀掉鳥窩，鳥蛋還能平安無事的呢（豈見覆巢之下，復有完卵乎）？」兩人安安靜靜地下完一局棋後，也被抓走，和父親一起被殺掉了。《世說新語》對此平靜的記載，讀來讓人無法不心驚肉跳。

其四：

魏晉「竹林七賢」之一的阮籍，是有名的文學家和思想家。一天，他正與朋友下棋時，家人風風火火地跑來報告：「老夫人過世了！」朋友慌忙起身，催他趕緊回去料理母親的後事，阮籍卻非要將那盤棋下完不可。雙方又博弈了兩個多時辰才終局。《晉書．阮籍傳》是這樣記載的：「性至孝，母終，正與

人圍棋，對者求止，籍留與決賭。」

如果你以為阮籍這樣是不孝，那就冤枉他了。《晉書》說他下完那盤棋後：「既而飲酒二斗，舉聲一號，吐血數升。及將葬，食一蒸肫，飲二斗酒，然後臨訣，直言窮矣，舉聲一號，因又吐血數升，毀瘠骨立，殆致滅性。」

其五：

南朝宋明帝時有位官員叫王景文，是個很能幹的人。宋明帝的父親宋文帝非常器重王景文，不僅為宋明帝娶景文妹，還以景文之名「彧」命名明帝。但宋明帝臨死之際，對王景文非常不放心，擔心自己死後，皇后臨朝，王景文不會甘心稱臣，便在自己病重之時，遣使送藥賜王景文死。詔書送到王家時，王景文正與朋友下棋，他看完詔書，將其壓在棋盤下面，神色自若地繼續與朋友下棋。一局終了，王景文從容地收拾好棋子，取出詔書，然後，端起毒酒舉杯對朋友說：「我要走了，這杯酒不能勸你喝了。」言罷，一飲而盡。時年六十。

其六：

康熙皇帝是個象棋迷，沒事時總喜歡殺兩盤。一次，康熙率領隨從去承德附近的木蘭圍場打獵，一時棋癮大發，便與一位大臣對弈起來，很快連勝三局。康熙弈興未盡，便找了一位棋藝水準高，叫那仁福的侍衛與之對弈。那仁福也是個象棋迷，對弈起來很專注，他棋藝十分高強，一時忘記了對弈者是皇上，只見他攻城掠地，勢如破竹，進入中局後很快吃掉對方一車。旁邊觀弈的老太監郭繼功見皇上的棋輸定了，便急中生智地說：「皇上，山下發現有猛虎，請您趕緊出獵。」

康熙一聽高興極了，對那仁福說：「你在這裡等著，待我獵虎回來咱們再續弈。」說著便翻身上馬，持弓向山下奔去。山下哪裡有什麼猛虎，隨從們只發現一隻梅花鹿。康熙喜歡打獵，是一位老獵手了，憑經驗他知道有鹿是不會有老虎的，想必是郭繼功看花了眼，把鹿錯看成老虎了。實際上郭繼功並沒有看錯。皇上與那仁福在棋盤上廝殺正酣，如果山下有隻鹿，他必定不會下山，因此郭繼功故意說成是猛虎，以便引起皇上的興趣，引他下山，免得棋敗後尷尬。

康熙對獵鹿也很有興趣。這隻鹿跑得很快，康熙奮起直追，翻過了幾座山才把鹿射獲。日子水一般地漫過，轉眼間幾天又過去了，待他想起了與那仁福下的那盤棋時，這才回到原先一起對弈的地方。見那仁福仍跪在棋盤旁，一動也不動。這時，康熙才發覺忠厚守職的那仁福已經死了，十分難過。《論語・為政》中說得好：「人而無信，不知其可也。」自此以後，康熙痛定思痛引以為鑒，發誓再也不失信於人了。

其七：

乾隆年間，揚州有個鹽商叫胡照麟，酷愛下棋。一次，胡照麟與名手范西屏下棋，下到中盤時，已明顯居下風，就不敢再下了，謊稱肚子疼而封盤告退。胡照麟找當時的高手施定庵請教，然後，又趕回去跟范西屏繼續對弈。施定庵的住處離揚州較遠，胡照麟來回花了兩天一夜的時間。為了下贏一盤棋費這麼大的勁，這樣的頂級棋痴可謂空前絕後。

令人不敢恭維的古代十大吝嗇官員

歷史上，曾有過不少富且貴的吝嗇之徒，好多還是身居要職的官場之人。現根據古籍記載對其進行盤點，特擇出十大最吝嗇的古代官員供各位看官觀瞻。

一是曹洪。三國時期的曹洪，是曹操的堂弟，曾數次捨命救過曹操，隨曹操南征北戰，屢屢征伐有功，被拜為都護將軍。曹丕稱帝後，任曹洪為衛將軍，再升驃騎將軍，封野王侯，後再轉封都陽侯。曹操任司空時，親自帶頭將每次月調儲存在縣，曹洪所儲之款連曹操也自認不及。《魏略》中記載，曹洪斂財有術，是曹操手下諸人中的第一巨富，然而他卻吝嗇又刻薄，還曾為此差點丟了小命。

事情是這樣的：魏文帝曹丕還在做太子的時候，有一次找曹洪借一百匹絹。曹洪覺得肉痛，百般托詞不願意借，結果惹惱了曹丕。一直懷恨在心的曹丕即位後，找了個由頭把這位堂叔下到獄中，準備處死他。後來幸得卞太后求情，曹洪才免於一死，但被施以削官職、減爵位之處罰。

二是王戎。在著名的《世說新語》中，有專門的一個章節是寫「儉嗇」的，一共有九個故事。其中的四個，是有關官至司徒的大名士王戎的。

《世說新語．儉嗇》中說：「王戎儉吝，其從子婚，與一單衣，後更責之。」就是王戎說生性吝嗇，他的一個姪子結婚，做為伯父的王戎當然要送個禮，便送了一件單衣。但是，之後王戎心疼不已，又跑到人家家裡給要了回來。

就連對自己的女兒，王戎也沒有大方到哪裡去。「王戎女適裴頠，貸錢數萬」，就是說王戎的女兒嫁給了裴家的公子，又從老爹這裡借了好幾萬的錢。「女歸，戎色不悅」，女兒回娘家的時候，忘了歸還老爹的那幾萬錢，結果惹得自己的親爹很不悅。「女遽還錢」，就是說王戎的女兒趕緊將錢還上，這種情況下，王戎「乃釋然」。

王戎十分富有，《世說新語》上說他「既貴且富，區宅、僮牧，膏田水碓之屬，洛下無比」。但吝嗇成性的他對日常消費卻沒有任何興趣，一心想讓蛋生蛋，錢生錢，在個人理財方面雄霸天下。可就是一根小小的牙籤他也要自己親手做，為的是省幾個銅板錢；家裡種出了上好的李子，他便高價出售，但因為害怕別人用他的李子作種子栽培出好李子，就事先把李子裡面的核給拿掉了。王戎每夜最喜歡做的事情就是：「每與夫人燭，下散籌算計。」

不過，就是這樣一個世俗之心如此之盛的傢伙，卻給我們貢獻了很浪漫的成語「卿卿我我」。王戎之妻常以「卿[1]」稱呼王戎。王戎說：「婦人卿婿，於禮為不敬，後勿復爾。」其妻曰：「親卿愛卿，是以卿卿。我不卿卿，誰當卿卿？」王戎只好聽之任之。（《世說新語．惑溺．第三十五》）。成語「卿卿我我」即出於此典。

三是周札。東晉年間，右將軍周札一家五人封侯，身居要職。周氏勢力的發展，遭到權傾天下的王敦猜忌。於是，王敦悄悄聯合江南的沈氏士族共同討伐周札。等周札得到消息，已是兵臨城下，倉促間準備率領幾百名部下出城迎敵。

在周札的庫房中，存有一批打造精良的兵器，手下都勸他趕緊拿出來給士兵裝備，可讓人哭笑不得的是，周札竟然捨不得，遂將劣質兵器分發給士兵。見周札在生死存亡的關頭依然如此吝嗇，士卒也沒有為他賣命的決心，結果在敵軍的衝擊下潰不成軍，周札最後被殺。

這個因吝嗇而送命的周札，其父就是歷史上大名鼎鼎、曾斬蛟伏虎的周處，他是周處的第三個兒子。

四是蕭紀。南北朝時的武陵王蕭紀，是梁武帝的第八子。他少得父寵，要風得風，要雨得雨，按說不應該把錢財當作一回事，可他偏偏極其吝嗇，每一個小錢他都要算計。

蕭紀頗有武略，南開寧州、越巂，西通資陵、吐谷渾，內勸農桑，外通商賈，財用豐饒，器甲殷積，本可以成其霸業，但就因為這個吝嗇的小毛病，最後使他「出師未捷身先死」。

1 卿：按禮，妻子稱丈夫應為「君」，丈夫稱妻子為「卿」。

史載，蕭紀曾率軍攻打江陵，他熔金成餅，一百個金餅一籃，裝了一百多籃，高高掛起，而銀子則是金子的五六倍之多，還有各種綾羅綢緞，不計其數，以此激勵將士英勇殺敵，但這位吝嗇鬼只不過是讓大家飽飽眼福而已，每戰結束從不論功行賞。之後軍心大亂，叛逃者十之八九，在很短的時間內兩岸十四城俱降，蕭紀兵敗如山倒，自己也在亂軍中死於非命。

五是元宗逵。明謝肇淛《五雜組》記載：唐朝時有個元宗逵，官職為果州司馬。他家有個婢女死了，就吩咐值班的管家說：「我家的老婢女死了，她在我家也待了不少年頭了，應該為她找一口棺材入殮出殯。我初來乍到，家裡窮得很，買不起新棺材，只要買個能用的就行。你也不必說是我家要買，就說是你們家要買的。」管家出門把元宗逵的這番話說給大家聽，全州的人都在笑話這位司馬太小氣，把他的一番話作為茶餘飯後的笑料。

《大唐新語》對此事也有記載：唐元宗逵為果州司馬，有婢死，處分直典云：「逵家老婢死，驅使來久，為覓一棺木殯之。逵初到家貧，不能買得新者，但得一經用者，充事即得。亦不須道逵買，云君家自有須。」直典出門說之，

一州以為口實。

六是鄭仁凱。《朝野僉載》記載：仁凱為密州刺史，有小奴告以履穿。凱曰：「阿翁為汝經營鞋。」有頃，門夫著新鞋者至，凱廳前樹上有鴷（啄木鳥）窠，遣門夫上樹取其子。門夫脫鞋而緣之，凱令奴著鞋而去。門夫竟至徒跣。凱有德色。

這個身為密州刺史的鄭仁凱真是惜錢如命，且很搞笑。他家中有個小廝，央求他買一雙鞋給自己，鄭仁凱說：「這事好辦，我為你找一雙鞋來。」不一會兒，門夫穿著鞋進來，鄭仁凱故意支使門夫爬到樹上掏鳥窩。門夫脫了鞋爬上樹，鄭仁凱就偷偷讓小廝把門夫的鞋穿走。等到門夫下樹，遍尋鞋子無著，只得打赤腳走了。鄭仁凱竟然為此非常得意。

七是韋莊。五代時期的大詞人韋莊，名滿天下。而他的吝嗇，也與他的詞一樣著名。韋莊每次做飯，下多少米都有固定的分量；做飯燒的柴，也要事先秤好；若是吃烤肉，哪怕是少了一片他都會知曉。韋莊有個兒子，八歲時夭折了，入葬時，妻子為孩子穿上生前的衣服，卻被韋莊剝了下來，只以孩子原來睡的舊草席包裹著埋了。而且掩埋之後，韋莊還把草席帶了回來……

八是張允。五代的後漢時期，吏部侍郎張允也以吝嗇出名。就算是自己的妻子，張允也不會多給她一文錢，他害怕妻子偷偷地拿他的錢用，就把各種鑰匙都別在腰間，走起路來叮噹亂響，乍一聽像是個身上掛了很多耳環首飾的女人。郭威兵變後，張允躲到一座破廟裡勉強保住性命，可是卻被兵丁們搶走了他所有的鑰匙，等他回到家裡一看，家中早已被搶劫一空，張允心如刀絞，哇的一聲，口中鮮血狂噴，不到半日，竟一命歸陰。

九是李越。宋陳元靚《事林廣記》記載：李越歸明人，做蔡州上蔡縣令。李越性情很是小氣，處事多讓人不好理解。他們家一年到頭很少吃肉，每到臘月初八祭祀祖先的時候，就派採購的人到肉鋪裡借熟肉一斤回來放在盆中，再用幾個碟子盛錢數文，就這樣來祭祀祖先。並禱告說：「酒是我用做官的錢買來的，清醇可愛；肉是我從肉行裡借來的，新香可吃；因為事忙沒來得及買果

子，就用錢權當果子吧。」等祭祀完畢，就拿著肉跟採購的人說：「快還到肉鋪裡去吧。」人們都笑話他太吝嗇了。

十是湯斌。清代康熙年間，江寧巡撫湯斌被尊為「理學名臣」，是當時程朱學派思想的代表人物。湯斌一生以清苦的生活砥礪名節，其為人之吝嗇十分出名。據有關文獻記載，這位老先生有一天心血來潮，查看家中帳本，發現上面記了一顆雞蛋，頓時大怒：「我來到蘇州還從來沒有吃過雞蛋，到底是誰買的？」下人答說是公子。他便把兒子叫來，罰跪在庭下，數落道：「你以為蘇州的雞蛋與河南是一樣的價錢？你想吃雞蛋，就回河南老家去……」

有趣的古代幽默判詞

漢語博大精深趣味無窮，即便是多為刻板枯燥之語的古代官府斷案判詞中，亦有語鋒機巧令人忍俊不禁者，來瞧瞧以下的十則古代幽默判詞，品味一下其中趣味吧。

北宋崇陽縣縣令張詠發現管理錢庫的小吏每日都將一枚小錢放在帽子裡帶走，便以盜竊國庫罪把他打入死牢。小吏認為判得太重，遂高喊冤枉。張詠提筆寫下判詞：「一日一錢，千日千錢，繩鋸木斷，水滴石穿！」

小吏無話可說。

•

南宋清官馬光祖擔任京口縣令時，當地權貴福王強占民房養雞餵鴨，反狀告百姓不交房租，示意地方官代他勒索。官司到了衙門，馬光祖實地勘驗後，

判決道：「晴則雞卵鴨卵，雨則盆滿缽滿；福王若要屋錢，直待光祖任滿。」

•

明代時，一年仲春，湖南長沙農村兩戶農民的牛鬥在了一起，後一牛死去，一牛受傷。兩家主人為此大吵大鬧，不可開交，當地的縣令也難斷此案。這天，兩家主人聽說太守祝枝山察訪民情路經此地，便攔路告狀。祝枝山問明情況，當即判道：「兩牛相鬥，一死一傷。死者共食，生者共耕。」雙方一聽，覺得合情合理，於是爭端平息，兩戶人家來往比以前更加親密。

•

明朝代宗時，江西南昌寧王府飼養了一隻丹頂鶴，為當朝皇帝所賜。一天，寧王府的一位僕役帶著這隻鶴上街遊逛，不料被一戶平民家飼養的一隻黃狗咬傷。狗的主人嚇壞了，連忙跪地求饒，周圍的百姓也為之講情。但那位僕役不顧眾人，拉扯著狗的主人到府衙告狀。狀詞上寫著八個大字：「鶴繫金牌，係出御賜。」知府接狀，問明緣由，揮筆判曰：「鶴繫金牌，犬不識字；禽獸相傷，不關人事。」判詞堪稱絕妙，給人入情入理之感，僕役無言以對，只得作罷。

明代福建龍溪縣張松茂，與鄰女金媚蘭私通，被金家「捉姦成雙」，把張松茂捆綁到福建巡撫王剛中的大堂上，金媚蘭也跟著跑來了。王剛中一看二人外貌，都是眉清目秀，舉止儒雅，不像是放蕩奸邪的小人，便有心成全二人，便問道：「你倆會作詩嗎？」張、金二人驚魂未定，聽了這句有些莫名其妙的問話，都趕緊點了點頭。王剛中便指著堂前簷下蜘蛛網上懸著的一隻蝴蝶對張松茂說：「如能以此為詩，本官便可免爾等之罪。」話剛說完，就聽張松茂吟道：「只因賦性太癲狂，遊遍花叢覓異香。近日誤投羅網裡，脫身還藉探花郎。」

探花出身的王剛中心想此人才思敏捷，而且詩中有悔過之意，很是難得。便又指著門口的珠簾子對金媚蘭說：「妳也以此為題賦詩一首吧。」金媚蘭略加思索，隨即念道：「綠筠劈成條條直，紅線相連眼眼齊。只為如花成片斷，遂令失節致參差。」王剛中聽罷，不覺擊節讚嘆。見他二人郎才女貌，年齡相當，便提筆寫判詞道：「佳人才子兩相宜，致富端由禍所基。判作夫妻永偕老，不勞鑽穴窺於隙。」二人磕頭拜謝。金家見事已至此，也就息事寧人，很快為二人辦了喜事。

•

明朝末年凌濛初編著的《初刻拍案驚奇》第十三卷〈趙六老舐犢喪殘生張知縣誅梟成鐵案〉中，講了一個兒子深夜打賊誤殺父親，本來殺賊可恕，卻因不孝當誅而被判死罪的故事。

某地有一財主趙聰，甚為富有，與其父趙六老分開生活。一天夜裡，一人在牆上鑽洞，爬進財主家，被家人發現，一陣亂棒，活活打死。待到舉燈一看，被打死的賊子竟是財主的父親！報了官，當地有關官員覺得甚難判決——兒子打死父親，本應判死罪，但當時只知道是賊人並不知是其父，按理又不應死罪。知縣張晉判道：「殺賊可恕，不孝當誅。子有餘財，而使父貧為盜，不孝明矣！死何辭焉？」隨即將趙聰重責四十，上了死囚枷，押入死牢。

•

明代天啟年間，有位御史口才頗佳，一名太監心懷嫉妒，設法取笑御史，便縛一老鼠前去告狀：「此鼠咬毀衣物，特擒來請御史判罪。」御史沉思片刻後判曰：「此鼠若判笞杖放逐則太輕，若判絞刑凌遲則太重，本官決定判牠宮刑（閹割）。」太監自取其辱。

•

清朝康熙年間，福建泉州城外的「風月庵」中有一位年輕貌美的小尼姑，該尼姑與一位姓孫的公子相愛，想還俗嫁給孫公子為妻，但又怕人說三道四。思前想後，便向州府呈狀，請官府恩准。州太爺接狀一看，覺得有些可笑，便在小尼姑的呈狀上批道：「准准准，准妳嫁夫君。去禪心，超梵心，脫袈裟，換羅裙，免得孫（僧）敲月下門。」

•

清乾隆年間，一寡婦想改嫁，但遭到家人與鄰居的阻撓，她就向官府呈上狀子：「豆蔻年華，失偶孀寡。翁尚壯，叔已大，正瓜田李下，當嫁不當嫁？」知縣接狀，揮筆判了一個字：「嫁！」

•

清代鄭板橋任山東濰縣縣令時，曾判過一樁「僧尼私戀案」。一天，鄉紳將一個和尚和一個尼姑抓到縣衙，嘈嘈嚷嚷地說他們私通，傷風敗俗。原來二人未出家時是同一村人，青梅竹馬私訂了終身，但女方父母卻把女兒許配給鄰

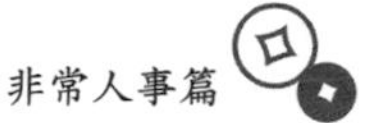

村一個老財主做妾。女兒誓死不從，離家奔桃花庵削髮為尼，男子也憤而出家。誰知在來年三月三的濰縣風箏會上，這對苦命鴛鴦竟又碰了面，於是趁夜色幽會，不料被人當場抓住。

鄭板橋聽後，動了惻隱之心，遂判他們可以還俗結婚，提筆寫下判詞曰：「一半葫蘆一半瓢，合來一處好成桃。從今入定風歸寂，此後敲門月影遙。鳥性悅時空即色，蓮花落處靜偏嬌。是誰勾卻風流案？記取當堂鄭板橋。」

被擠兌出來的一首千古絕唱

中唐詩人劉禹錫當年在和州（今安徽省和縣）做通判時，寫了一篇有名的〈陋室銘〉，其文曰：「山不在高，有仙則名。水不在深，有龍則靈。斯是陋室，惟吾德馨。苔痕上階綠，草色入簾青。談笑有鴻儒，往來無白丁。可以調素琴、閱金經。無絲竹之亂耳，無案牘之勞形。南陽諸葛廬，西蜀子雲亭。孔子云：『何陋之有？』」

這篇〈陋室銘〉不僅成為古今最美散文之一，被清初吳楚材、吳調侯編入《古文觀止》裡，而且成為了後代文人在生活條件不太理想的狀態下，用以「安貧樂道」的座右銘。劉禹錫「身居陋室仍不改其高潔」的風範，也一直為後世所景仰。

然而，很少有人知道，劉禹錫的這首字字珠璣、錯落有致、構思巧妙、寓意深刻的千古絕唱，竟然是被他當時的頂頭上司擠兌出來的！

當年劉禹錫在任監察御史的期間，曾參與了「永貞革新」，此革新派的政治主張是極力反對宦官和藩鎮割據勢力的。由於勢單力薄，保守勢力強大，革新失敗後，劉禹錫被貶朗州司馬，今屬湖南省常德一帶，後又被遷任為連州刺史及安徽和州通判。

但是在安徽和州通判的任上，劉禹錫屢遭擠兌。

按照當時的相關規定，劉禹錫應該住衙門裡，並且應有三間屋子。可是，和州姓策的知縣是個勢利之徒，見劉禹錫被貶而來，又對他不奉承、不送禮，心裡很不高興，存心刁難劉禹錫。先是安排劉禹錫住在偏僻的縣城南門，面江而居。對此遭遇，豁達的劉禹錫並不在意，反而根據住所外的壯闊景色寫了一副「面對大江觀白帆，身在和州思爭辯」的對聯，貼之門上。

這個舉動氣壞了策知縣，他便將劉禹錫的住房調到更僻遠的城北門，由三間縮小到一間半。這一間半的房子位於德勝河邊，附近還有成排的楊柳樹。劉禹錫見了這個環境，也沒有計較，仍怡然自樂，又寫了一副對聯貼在新居：「楊柳青青江水邊，人在歷陽心在京。」（和州別稱為歷陽）

策知縣見劉禹錫仍是悠然自得，就又把他調到一間僅能容下一床一桌一椅的房子。半年時間，劉禹錫連搬三次家，住房一次比一次小，終於憤然提筆寫下〈陋室銘〉一文，並請人刻於石頭上，立在門前。

這間陋室，因知名人士劉禹錫住過，且寫出膾炙人口的〈陋室銘〉而走進了歷史。宋代時，這裡已成為聞名遐邇的「名人故居」了。宋王象之所撰《輿地紀勝》載：「和州陋室，唐劉禹錫所闢，有〈陋室銘〉柳公權書。」而今，劉禹錫住過的陋室位於安徽省和縣城半邊街，早已成為吞吐歷史煙雲的一處名勝了，許多人都慕名前往觀瞻。

為陋室作銘，並非始於劉禹錫。據記載，歷史上最早寫〈陋室銘〉的是唐代的崔沔。據《全唐文紀事》，崔沔在洛陽做分司閒官時，曾著「〈陋室銘〉以自廣」，大曆十一年（西元七七七年），其子崔祐甫把這銘文勒石於洛陽故第。劉禹錫生於西元七七二年，卒於西元八四二年，被貶謫和州是在於長慶四年（西元八二四年）到寶曆二年（西元八二六年），所以，他寫〈陋室銘〉比崔沔晚了近五十年。

宋代婚姻文化：「榜下捉婿」

宋代的時候，有一個新及第的年輕舉人，相貌堂堂，舉止不凡，為一權勢之家看中。揭榜之日，權勢之家便派出十多個壯丁將青年簇擁至其家，該青年無奈，只好被裹挾著前往。不多時，一位著高官袍服的人來到青年面前，問道：「我只有一個女兒，長得並不醜陋，願意嫁與公子為妻，不知可否？」青年深深鞠了一躬，推辭道：「我出身寒微，如能高攀，固然是件幸事，要不您等我回家和妻子商量一下再說，如何？」圍觀眾人見狀哄堂大笑，隨即散去。

還有一個叫韓南的人，剛考中了進士，很快便有人來向他提親，問到他的年齡時，他苦笑地作了一首絕句：「讀盡文書一百擔，老來方得一青衫。媒人卻問余年紀，四十年前三十三。」其回答不可謂不幽默。這位韓南老先生在七十三歲的高齡仍有繡球拋來，真是莫大的諷刺。

在宋代，這樣「榜下捉婿」的例子不勝枚舉。所謂「榜下捉婿」，即在放榜之日當天，各地富紳們全家出動，爭相挑選登第士子作女婿，那情景簡直就是搶，坊間便稱其為「捉婿」。宋人筆記對「榜下捉婿」多有涉及，一些富人為攀新科進士為婿，每每不惜重金，堪稱人文史上奇觀。朱彧《萍州可談》卷一載：「近歲富商庸俗與厚藏者，嫁女亦於『榜下捉婿』，厚捉錢以餌士人，使之俯就，一婿至千餘緡。」

「捉婿」者中還不乏當朝高官。宋真宗時河北人范令孫登甲科，宰相王旦就把他招為女婿。有位新科進士叫高清，品學平平，宰相寇准卻將自己的姪女嫁給他，寇女死後，另一位宰相李沆又將女兒為他續弦，時人稱這些幸運兒為「天子門生宰相婿」。

當然，及第士人中也有不媚權勢者。宋高宗時著名的「六賊」之一的奸相蔡京就在「榜下捉婿」時遭挫：他欲把女兒嫁給新科進士河南人傅察，傅婉拒，令蔡京大不快。宋仁宗時，頗得仁宗寵愛的張貴妃的叔父張堯佐看中了剛及第的馮京，就派人把他拖到家中，欲嫁女兒於他，並冒稱是皇帝的旨意，還擺出了豐厚的嫁妝，而馮京只是「笑不視，力辭」。「六賊」中的另一位朱勔在洪皓等待殿試時就要把自己的妹妹嫁給他，洪皓謝絕了他。登第後，朱勔再次向洪皓請婚，並且送給他大量的錢財，還許以顯官，不過洪皓依舊是堅決地拒絕了這門婚事。

宋代為何會出現「榜下捉婿」的婚配奇觀，且這樣的奇觀還屢屢上演？這得從宋代文官地位說起。宋太祖時就有「不殺文臣」的條訓與崇文抑武的國策，之後的宋代歷任統治者都一以貫之，導致無論從物質還是精神意義上來說，宋代都堪稱文人士大夫如魚得水的時代。他們多出身於庶族寒素之家，全憑個人奮鬥才突破逆境，躋身於統治集團成員之列。現代有很多文人都很嚮往宋代，比如大名鼎鼎的武俠大師金庸與學者余秋雨等。

宋代的文官官俸高，接受的賞賜也重。不僅如此，還可以蔭及家人，差科全免，成為社會上享有特權的「官戶」階層。連宋真宗趙恆都在詩中表達了這層意思：「富家不用買良田，書中自有千鍾粟；安居不用架高堂，書中自有黃金屋；娶妻莫恨無良媒，書中自有顏如玉；出門莫恨無隨人，書中車馬多如簇；男兒欲遂平生志，六經勤向窗前讀。」

還有誕生於宋代的一組神童詩：「天子重英豪，文章教爾曹；萬般皆下品，唯有讀書高。少小須勤學，文章可立身；滿朝朱紫貴，盡是讀書人……自小多才學，平生志氣高；別人懷寶劍，我有筆如刀。朝為田舍郎，暮登天子堂；將相本無種，男兒當自強。學乃身之寶，儒為席上珍；君看為宰相，必用讀書人。莫道儒冠誤，詩書不負人；達而相天下，窮則善其身。」更是將讀書博取功名贏得遠大前途渲染得淋漓盡致。

宋代是中國科舉制度最完善的時代，考試取士為朝廷選拔官吏的主要途徑，科舉勝出者名利雙收、待遇豐厚，致使人們把赶考走仕途作為人生奮鬥的終極目標而前仆後繼，且樂此不疲。在唐代，士人取得功名後還要經過考試合格才有資格擔任官職，到了宋代，只要是進士五甲以上就可直接授官，而且升遷的速度和級別之高也是其他途徑入仕的人所比不了的。司馬光與蘇軾的恩師陳襄就曾在他的〈勸學〉一文裡這樣寫道：「今天子三年一選士，雖山野貧賤之家所生子弟，苟有文學，必賜科名，身享富貴，家門光寵，戶無徭役，休蔭子弟，豈不為盛事？」

宋代的高級官員中，科舉出身者占了壓倒優勢。就拿北宋時期的正、副宰相來說，科舉出身的人就占到了90％以上，南宋比例更高。當時評價一個家族興盛與否、有無美好的未來，其中關鍵的一條就是看其有幾人登科或幾個女子嫁給士子。這樣，金榜題名的士人自然就成了豪富之家擇婿的首選，屢屢上演「榜下捉婿」也就不足為怪了。

同縣所出的兩大教育奇蹟

在宋代，地處大樟溪兩岸的小小福建永泰縣，竟然出現了古代教育史上絕無僅有的兩大奇蹟，舉世驚羨，好不風光！

奇蹟一：

「七年三狀元」。南宋乾道二至八年（西元一一六六－一一七二年），七年三科取士，永泰人蕭國梁、鄭喬、黃定三人於宋乾道二年、五年、八年分別高中狀元，轟動朝野，舉國傳為美談。經多方考證，中國科舉史上，一連三屆的狀元被同一縣的士子所得，只有一個永泰縣。可謂空前絕後。

蕭國梁是永泰縣嶺路鄉陳山村人。南宋乾道二年（西元一一六六年）丙戌科狀元。該科狀元本是皇族趙汝愚，按當時制度，開科取士是為選撥民間人才，凡已列官籍、掛了仕版的就應回避，因此升蕭國梁為榜首。所以他在殿試時有

「名傳玉陛星辰曉，澤沛金芝雨露春」之句，在謝恩奏章中又說：「豫龍飛之選，淮安序次已當先；無汗馬之勞，酇侯何功而居上。」以漢初韓信功高屈次，蕭何擢居首功的典故，表明自己原屬第二名榜眼而忝居狀元，用典恰當，對仗工整，流傳至今。他歷官著作郎，太子侍講兼禮部郎中、朝奉郎、廣東通判，知漳州。著有文集十一種，但已失傳。

鄭僑是永泰縣赤錫鄉雙桂村龜嶺人，宋乾道五年（西元一一六九年）狀元。曾上殿奏事，勸孝宗責己求言，瞭解人民疾苦，並請求撥米四萬石救濟災民。後調入京都，任禮部郎中兼太子侍講。紹熙三年，求補外官，拜顯謨閣學士，知建寧府。以公俸為貧困屬縣繳納夏糧，又大力為賦役負擔過重的縣分請求減免。移知福州府時，又減輕重稅縣古田縣的賦稅。在孝宗、光宗、寧宗三朝，一直受到信任和重用。寧宗即位時（西元一一九五年），召為吏部尚書，拜參知政事，翌年進知樞密院事。後鄭僑以自己年老體弱，難負重任，執意辭職。寧宗不同意，在鄭僑的辭呈上親筆寫道：「忠誠重厚，朕所依毗，累丐退閒，殊負眷意。」但鄭僑不顧皇上挽留，再三請求辭職。皇上看到他決心已定，只好賜他以觀文殿大學士的名義辭官。死後封贈太師，諡「忠惠」，祀鄉賢祠。

鄭僑生平為人正直，端莊穩重，孝悌友愛。善行草書，著有〈書衡〉三篇。

黃定是永泰縣一都龍嶼村人，南宋乾道七年（西元一一七一年）狀元。少年鄉居，苦學經史文章，二十八歲考取補太學生，入京都臨安國子監進修。會試的廷試對策中，針對金兵壓境，南宋偏安危局，闡述議論，受到孝宗賞識，親自擢為殿試第一名，授廣東潮州知府。在潮州任上，黃定關心民間疾苦，盡力剷除弊政，復甦民田，還撥官田為學田，以贍養寒士貧儒，深受潮州人民愛戴。後任廣東提舉，主管廣東路所屬州縣學校和教育行政。不久後，再升為國子監祭酒（國立大學校長）。黃定工於填詞，但作品只有〈龍嶼協濟廟記〉因載縣誌中才得以流傳。

人們為了表彰和紀念這個歷史奇蹟，就在永泰縣溫鼓山（今塔山）上，蓋了「三元祠」與「聯奎塔」。雖歷經風雨，至今仍然昂然屹立，作為歷史見證，緬懷先人，勉勵後人。對於這一歷史罕見的文運光彩，有人以詩讚曰：「沖峰龜嶺與龍嶼，三處山川亦壯哉，相去之間無百里，七年三度狀元來」！

奇蹟二：

「父子六進士」。宋皇祐五年（西元一〇五三年），永泰縣大山深處的月洲村人氏張肩孟高中鄭獬榜進士，演繹了一個父子六人六進士、五子同朝、祖孫三代十八條官帶的科舉輝煌，這一輝煌在歷史上也是獨一無二的。張肩孟，歷官知府、刺史、朝散郎，後以子貴贈少師，謚文靖。張肩孟生有五子，俱登進士第：長子勵，官至中奉大夫；次子勔，官至朝散郎；三子勣，官至太學博士；四子勸，官至工部尚書；五子動，字安道，官至龍圖閣直學士，詩人。當時全國上下都轟動了，人們讚美說：「靈椿一株秀，丹桂五枝芳。」張肩孟有孫十二人，除兩人不仕外，其餘皆宦於時，加上兩名姪孫為官，剛好祖孫三代十八條官帶。

其中張肩孟之孫、張動之子張元幹（朝奉郎、將作少監，贈正議大夫充撫諭使）需要特別介紹一下。他曾為南宋主戰派代表李綱的屬官，是著名的愛國詞人。做為詞人，張元幹最大的貢獻在於繼承了蘇東坡詞的豪放風格，把愛國主義的內容融進詞中，開創了南宋愛國詞派的先河，直接影響到後來辛棄疾、陸游的創作。他是以詞來抒發愛國激情、愛國思想的第一人；做為政治家，最值得稱頌的是他投身抗金鬥爭和「不屑與奸佞同朝」、敢與秦檜等權奸公開對抗的反侵略的愛國主義精神和剛直不阿、愛恨分明的高貴品格。

紹興八年（西元一一三八年），樞密院編修官胡銓上書反對和議，請斬秦檜等人示眾。秦檜恨之入骨，貶胡銓至廣州。當時人們怕牽連獲罪，明哲保身，不敢有所表示。據王明清《揮塵後錄》載：「一時士大夫畏罪箝口，莫敢與之談。」紹興十二年（西元一一四二年），胡銓再被流放到新州，路經福州嵩口，退居在家的張元幹為他送行，激於義憤寫了〈賀新郎．送胡邦衡待制赴新州〉詞，抒發不平之慨。這是張元幹詞中最著名的一篇：

「夢繞神州路。悵秋風、連營畫角，故宮離黍。底事崑崙傾砥柱，九地黃流亂注？聚萬落、千村狐兔。天意從來高難問，況人情、老易悲難訴。更南浦，送君去。涼生岸柳催殘暑。耿斜河、疏星淡月，斷雲微度。萬里江山知何處？回首對床夜語。雁不到、書成誰與？目盡青天懷今古，肯兒曹、恩怨相爾汝？舉大白，聽金縷。」

這首詞把對民族危亡的關注與對個人身世的感傷融合起來，慷慨悲涼，波瀾起伏，在當時廣為流傳，自然激怒了秦檜，就找了個理由把張元幹除名削籍。紀曉嵐把這首詞視為《蘆川詞》的壓卷之作，認為「慷慨悲涼，數百年後，尚

想其抑塞磊落之氣」。張元幹是宋代豪放派詞人的代表，詞風激昂蒼涼，著有《蘆川歸來集》十卷，《蘆川詞》二卷。

毛澤東、周恩來均對張元幹的為人和詞作讚譽有加。據上個世紀三〇年代中共福建省委領導人陳金來烈士筆記，西元一九三三年在建寧的一次會議上，周恩來看到陳金來的筆記本上錄有張元幹的〈賀新郎·送胡邦衡待制謫新州〉，朗讀了這首詞，並做了講話，最後號召：「我們共產黨人要好好地學習這首詞，學習張元幹鋤奸靖國、抵抗侵略的精神，不怕犧牲、前仆後繼，去爭取勝利。」而據毛澤東的醫護人員藍桂英回憶：文化部組織表演藝術家錄製了古詩詞錄音帶，毛澤東十分喜愛。西元一九七五年四月董必武去世，毛澤東一天不吃東西，也不說話，只是把張元幹的名作〈賀新郎·送胡邦衡待制謫新州〉反覆聽了一整天……

當上朝廷最高軍事首長的唯一太監

西元一一一一年，宋徽宗政和元年，大太監童貫官拜掌控朝廷軍事大權的樞密使，領樞密院。北宋時，樞密院同中書省分立並稱二府，樞密使主軍，宰相主政。宋史上說：「樞密院掌軍國機務、兵防、邊備、戎馬之政令，出納密命，以佐邦治。」樞密使，是朝廷中的最高軍事首長。從此，童貫全國兵權在握，權傾天下，成為中國歷史上掌控軍權最大的太監。

童貫不僅是史上掌控軍權最大的太監，他還開創了另外的幾項中國歷史之「最」：中國歷史上握兵時間最長的太監（統兵二十年）、中國歷史上第一位出使外國的太監（以副使的身分，於政和元年出使遼國）、中國歷史上第一位被冊封為王的太監（因收復全燕之境，封廣陽郡王）、中國歷史上唯一長著鬍鬚的太監（與他年近二十歲才淨身有關）。

北宋末年，由於宋徽宗醉心於書畫藝術不務正業，致使綱紀不振腐敗橫

行，朝政由「六賊」把持，他們分別是：蔡京、王黼、童貫、梁師成、朱勔、李彥。蔡京與童貫是響噹噹的「六賊」領頭人物，時稱蔡京為「公相」，稱他為「媼相」（因其是閹人，媼即母），不無譏諷之意。當時都城汴梁流傳著一首民謠：「打破筒，潑了菜，便是人間好世界。」「筒」是指大太監童貫；「菜」便是指反覆無常、兩面三刀、唯利是圖的蔡京。

做為「六賊」頭領之一的童貫，因為主持與金人簽訂引狼入室的「海上之盟」，成為導致靖康奇恥的大罪人，千年來人們對其罵聲不絕，被《宋史》列為「奸臣」。婦孺皆知的《水滸傳》中也曾多次提到童貫，寫他統領八十萬大軍去梁山泊鎮壓宋江起義軍，中了十面埋伏，被殺得隻身逃回了汴京。

童貫，開封人，字道夫，讀過四年私塾，淨身進宮當太監時已老大不小，近二十歲了。《宋史》記載他「頤下生鬚十數」（也就是說童公公的下巴不同於其他太監，他的下巴有若干稀稀拉拉的鬍鬚）；「狀魁梧，偉觀視」（不但英俊，而且很魁梧，看上去還很偉岸）；「皮骨勁如鐵，不類閹人。」（陽剛之氣十足，力量感很強，看上去一點也不像太監）。

童貫淨身入宮時，拜在同鄉前輩宦官李憲門下。童貫跟隨李憲出入前線，曾十次深入西北，對軍事頗為熟悉，但在神宗皇帝一朝，命運之神並未垂青童貫，進宮二十餘年，他始終沒有出人頭地。這一局面，終於在趙佶做了皇帝後得以改變了。

宋徽宗趙佶繼位時，童貫已經四十八歲。宋徽宗以內廷供奉官的名義，派童貫到杭州設明金局搜羅文玩字畫。一般說來，內廷供奉官大體相當於皇宮的採購供應處長，並不是一個多高的職位，卻是一個很有油水的肥差。童貫沒有滿足於撈取好處，而是盡心盡職地辦好了這趟差事，甚獲宋徽宗的歡心。

而後宋徽宗任命童貫擔任西北監軍，平息羌族吐蕃的叛亂。宋軍抵達前線湟川後，恰巧汴梁的太乙宮失火，宋徽宗十分迷信，認為是敗戰之兆，於是火速傳一道手諭給童貫，阻止他出兵。童貫卻膽大包天，他看罷手諭後馬上若無其事地折起來放好。宋軍主將王厚問：「不知陛下何故降旨？」童貫竟若無其事地說：「沒有什麼，只是敦促我等速取成功罷了。」

結果，宋軍一舉收復四州。將士們興高采烈之際，童貫則在慶功宴會上拿出皇帝的那份手詔，傳示軍中將領們觀看。大家一看，無不大吃一驚，要知道矯詔可是滅族的大罪。領軍主將惶恐地問他為什麼要這樣做？童貫回答說：

「那時士氣正盛，這樣子止了兵，今後還怎麼打？」主將問：「那要是打敗了可怎麼辦？」童貫說：「這正是我當時不給你們看的原因。打敗了，當然由我一人去領罪；打勝了，大家都有分啊。」

從此，童貫牢牢樹立起了在西北軍隊中的威望。

之後，童貫征伐沙場，常年出沒西北，主持與西夏的戰事，並率兵連打幾次勝仗，西夏國力跟不上，經濟快要崩潰，最後表示願意賠錢謝罪。童貫也見好就收，上報了宋徽宗，宋徽宗遂罷六路大軍，「加貫太傅，封經國公」。

後又在童貫主持下，大宋對吐蕃開戰。一年後，宋軍徹底打垮了河湟地區的吐蕃部隊，控制了青海東南部、黃河以北地區。這次戰役宋軍「開拓疆境三千餘里，招降首領二千七百人，戶口七十萬，前後六戰，斬首一萬多級」，完全恢復了神宗時的故土。童貫升任熙河、蘭湟、秦鳳路經略安撫制置使，成為西北邊區最高軍政長官。其後童貫又率軍收復了西北重鎮積石軍和洮州。

宋徽宗對童貫賞識日深。西元一一一一年，童貫進太尉，領樞密院，執掌全國軍權。從此，童貫位列三公。

宣和二年方臘起義後，很快就形成一股強大的洪流，南方宋軍一觸即潰。

宋徽宗派童貫任江、淮、荊、浙等路宣撫使，譚積任兩浙路制置使，調集京畿的禁軍和陝西六路蕃、漢兵十五萬，南下鎮壓起義。方臘起義慘遭失敗。

宣和七年，童貫因收復全燕之境，封廣陽郡王，統率大軍重鎮邊疆，駐紮大原。當時，金已滅遼，大舉興兵南侵。童貫見大勢已去，由大原遁歸汴梁，且不聽欽宗令他留守汴京的命令，而隨徽宗南巡。於是，大學士陳東等上書劾蔡京、童貫等六人為誤國六賊。童貫的主要罪名是「結怨遼金，創開邊隙」。此時，徽宗禪位，欽宗登基，童貫失恃，靖康元年，也就是西元一一二六年，被一連三貶。同年七月，童貫被貶至吉陽軍（今海南省三亞市），朝廷又詔數童貫十大罪，命監察御史張澄去對之就地正法。

雖然童貫被貶謫，人們仍畏他詭詐，畏他勇力，所以，張澄奉詔追斬童貫，不敢輕意動手。張澄一路追到南雄州，先派隨員上門「拜謁」童貫，假稱有聖旨賜給茶葉、藥物，要童貫回京擔任河北宣撫，明天中使即可到來傳旨。童貫信以為真，捻鬚而笑：「還是少不了我！」並留下張澄派來的隨員。第二天上午，張澄來了，童貫欣然出迎，跪接聖旨，張澄當即宣詔，申斥童貫十大罪狀。待童貫省悟過來為時已晚，被張澄派來的隨員一刀砍下頭顱。

數天後，監察御史張澄一行數騎，由南雄州衙門出發，押著一只木匣，內裝童貫血淋淋的人頭，越過梅關向汴京疾馳而去。九月初七，童貫的人頭已在汴京城頭高高掛起，觀者如潮，轟動一時。

曾創下史上諸多「第一」的一代大太監，就這樣命喪黃泉，結束了自己的人生。

不務正業卻工藝出色的兩位昏君

明熹宗朱由校與法國國王路易十六都是典型的昏君，同時又是當世最出色的工匠，兩人都十分醉心於「技術攻關[2]」，一個玩木工，一個玩鎖，都不務正業玩物喪志，都無心朝政無為而治。這一東一西的兩位君王相似點甚多，結局也差不多，前者導致大明江山風雨飄搖，埋下滅亡種子，後者乾脆直接亡了國，真堪稱「難兄難弟」。

明熹宗朱由校在歷代帝王中是個異數，他是一名出色的木匠，被稱為「皇帝中的魯班」。他心靈手巧，對製造木器有極濃厚的興趣，凡刀鋸斧鑿、丹青揉漆之類的木匠活，他都要親自操作。他手造的漆器、床、梳匣等，均裝飾五彩，精巧絕倫。史書上記載；明代天啟年間，匠人所造的床，極其笨重，十幾個人才能移動，用料多，樣式也極普通。熹宗便自己琢磨，設計圖樣，親自鋸木釘板，一年多工夫便造出一張床來，床板可以折疊，攜帶移動都很方便，床架上還雕鏤有各種花紋，美觀大方，為當時的工匠所嘆服。

可是他所造的木器卻經常成為宮中老鼠的磨牙工具，眼見自己的得意之作隔夜就多了幾道牙印，明熹宗怎能不生氣。為此，他組建了一支貓咪衛隊，這樣老鼠就不敢來啃食木器了。他還按這些貓功勞的不同，賜予牠們封號。他將一般的公貓稱為小廝，母貓稱為丫頭，自己特別喜歡的或保護木器有功的稱為某老爺、某夫人，還參照賞賜大臣的規矩來給貓咪賞賜。對於他的這種生活，在《天啟宮詞》注中有詩描述之：「紅罽無塵白晝長，丫頭日日侍君王，御廚餘瀝分沾慣，不羨人間魚肉香。」其中的「丫頭」就是貓咪衛隊中的「女兵」。

明熹宗還善用木材做小玩具，他做的小木人，男女老少，俱有神態，五官四肢，無不備具，動作亦很惟妙惟肖。喜宗還派內監拿到市面上去出售，市人都以重價購買，熹宗更加高興，往往製作到半夜也不休息，常令身邊太監做他的助手。

熹宗好蓋房屋，喜弄機巧，常常是房屋造成後，高興得手舞足蹈，反覆欣

2 攻關：在中國大陸比喻集中全力解決困難。

賞，等高興勁過後，又立即毀掉，重新造新樣製作，從不感到厭倦。他興致高時，經常脫掉外衣甩開膀子大幹，把治國平天下的事，統統拋到腦後，無暇過問。

奸臣魏忠賢當然不會錯過這個良機，他常趁熹宗引繩削墨、興趣最濃時，拿上公文請熹宗批示，熹宗覺著影響了自己的興致，便隨口說道：「朕已經知道了，你盡心照章辦理就是。」明朝舊例，凡廷臣奏本，必由皇帝御筆親批；若是例行文書，由司禮監代擬批問，也必須寫上遵閣票字樣，或奉旨更改，用朱筆批，號為批紅。熹宗潛心於製作木器房屋，便把上述公務一概交給了魏忠賢，魏忠賢藉機排除異己，專權誤國，而熹宗卻耳無所聞，目無所見。可嘆熹宗是一名出色的工匠，卻使大明王朝在他的這雙手上搖搖欲墜。

無獨有偶，法國國王路易十六也是這樣一個專心技術攻關的昏君。這位優柔寡斷、有些木訥的男人不貪戀錢財，也不沉迷於女色，卻經常整天將自己關在鐵匠房中，做自己最喜歡的工作——製鎖。

西元一七七四年五月，路易十六被推上了法國的王座，他面對的是已千瘡百孔、搖搖欲墜的帝國。此時的法國債臺高築，每年僅償還利息就要消耗國庫收入的一半以上。然而，面對國內日趨緊張的形勢，路易十六卻無心朝政，經常來到自己的五金作坊裡，與各式各樣的鎖為伍。

路易十六製鎖的水準的確很高，他的鎖極富創意、形狀各異，幾乎每一把都是一件藝術品。他曾把鎖製成活潑可愛的鯉魚、松鼠或鴨子形狀，扭動「松鼠」的鑰匙，「松鼠」會頻頻點頭，搖尾乞憐。有一把「蠑螈」鎖，把鑰匙插進後轉動三圈，「蠑螈」的嘴中就會噴出水來。為迎合國王嗜「鎖」如命的愛好，人們紛紛用各種各樣的鎖來巴結國王。在一次為慶祝王子出生的遊行中，有人甚至抬出了一把特製的「大鎖」，當人們打開「大鎖」的門，竟從裡面走出一位可愛的「小王子」，這讓路易十六龍顏大悅，特意命令手下將自己製作的鎖賞賜給遊行者。

然而高超的製鎖技巧無法挽救他的王國，隨著法國社會矛盾的不斷激化，轟轟烈烈的法國大革命終於在西元一七八九年七月十四日拉開序幕。路易十六出逃未遂，被扣押在巴黎的杜樂麗宮。即便是在被看押期間，路易十六依然沒有忘記自己的愛好，他偷偷地在牆板後面藏了一只保險箱，裝上了一把自認為世界上最難打開的鎖，將執政期間企圖勾結國內外復辟勢力、陰謀絞殺法國大革命的許多密函鎖在裡面。當人們打開鎖看到這些罪證後，一致要求國會「宣布路易十六為法國的賣國賊、人類的罪人，立即以革命的名義判處死刑」。結果，西元一七九三年一月二十一日，路易十六被推上了斷頭臺。具有戲劇意味的是，路易十六當年曾親自參與了斷頭臺的設計，為加速斷頭臺的殺人效率，他命人將鍘刀改成三角形，沒想到自己最終卻命斷這部殺人利器之下。

現在，仍有十幾把由路易十六親手製作的精美鎖具保存在法國的博物館中，彰顯著這位亡國之君的高超技藝。

清太宗皇太極的奇特婚姻

清初的皇帝們，其婚姻充滿了政治色彩。努爾哈赤的妻妾見於史籍記載的共有十四人。其中七位妻妾的納娶，是政治聯盟的結果，而其餘的妻妾，也大多來自不同的部落。清初滿蒙政治聯姻盛行，據《清皇室四譜》第二卷記載，清太宗皇太極有蒙古妻七人，占其后妃總數的一半左右；清世祖福臨有蒙古妻六人，占其后妃總數的三分之一。

皇太極有名號的后妃共有十五人，在這十五位后妃中，有七位來自蒙古草原。其中地位最為尊貴的「崇德五宮后妃」，全部是蒙古族女子，並且有兩位是寡婦。更有三位出自科爾沁部——莽古思一門姑姑姪女三人同嫁一夫皇太極。皇太極的婚姻之奇還不止於此，他還曾令已經為他生過兩個女兒的側妃博爾濟吉特氏改嫁他人。

那麼，貴為天子的皇太極為何娶倆寡婦呢？原來，這兩個女人的身分很特殊，她們都是眾蒙古部落之主察哈爾林丹汗的妻子，她們是在林丹汗死後來投奔皇太極的，先後在後金天聰八年（西元一六三四年）和天聰九年（西元一六三五年），被皇太極納入宮中收為己有。

西元一六三二年，皇太極親率八旗大軍會同蒙古諸部，大舉進攻林丹汗所部察哈爾軍，激戰之下，林丹汗所部傷亡大半，林丹汗大敗後逃往青海草原，兩年後的一六三四年，眾叛親離的林丹汗病死在青海，他的部屬逐漸土崩瓦解，他的福晉們也開始尋找自己新的歸宿。

西元一六三四年八月，林丹汗的后妃之一竇土門福晉，在一名叫多尼庫魯克的部下護送下，率一行人到皇太極的軍營行幄，表示歸順，並選擇了木湖爾伊濟牙爾地方暫時駐牧。其實當時竇土門福晉很想嫁給皇太極，只是自己無法啟齒。善解人意的大貝勒代善見狀，自然明白來者的心意，便到皇太極面前說，此女乃上天所賜，應該把她納為妃子。

竇土門福晉楚楚動人，皇太極對這位送上門來的美麗女子也很中意，只是擔心外界會說他們發動的這場戰爭是為了奪人家的妻子，名聲不好，故而再三推託。大貝勒代善忙說：「不會，相反，我們這樣做，還會爭取一部分蒙古人

投降，成為我們的盟軍。」而貝勒們也認為，這樣做有利於收降林丹汗手下部眾，這也是政治上的需要。

皇太極動心了，考慮了三天後，最後決定娶竇土門。皇太極還對諸貝勒大臣談到了他的一次奇遇：有次行軍途中他駐蹕[3]於納里特河時，曾有一隻雌雉飛入他的御幄。在他看來，這就是美女入帳的「吉兆」，竇土門福晉來歸嫁是「天作之合」，既然是上天的旨意，那就要接受了。皇太極於是派巴克什希福等前往迎接，護送竇土門福晉的多尼庫魯克非常高興，說他們此來的目的，就是為送福晉給皇太極的，說完望天拜謝。多尼庫魯克的使命完成了，他也歸降了皇太極為其效忠。

在皇太極納竇土門福晉後不到一年，西元一六三五年三月，林丹汗的多羅大福晉，即嫡妻囊囊太后娜木鍾率領一千五百戶部眾來歸；四月，林丹汗另一個大福晉蘇泰太后和她的兒子額哲，即林丹汗的繼承人，又率一千戶部眾來投，並獻上歷代傳國玉璽；隨同兩位尊貴太后前來的還有林丹汗另兩位側室福

3 駐蹕：指帝王出巡時，沿途停留暫住。蹕，音同「必」。

晉伯奇太后、俄爾哲依太后及林丹汗的妹妹泰松公主等。

在這些女子當中，如果論資格地位，囊囊太后排在第一位，她不僅出身蒙古郡王之家，而且是林丹汗的「正宮娘娘」。那麼，讓誰來娶尊貴的囊囊太后呢？

當然只能是地位最高的皇太極。皇太極開始時也是推辭此事。但在眾貝勒的堅持接納之下，皇太極只好答應了，將其迎入城內隆重迎娶。

由於娜木鍾地位尊貴，故在西元一六三六年，即清崇德元年冊封后妃時，被封為西宮麟趾宮貴妃，比她早一年歸嫁皇太極的竇土門福晉，因地位不及娜木鍾，被封為次東宮衍慶宮淑妃，而早在西元一六二五年就已嫁給皇太極的原西宮妃布木布泰，則退居為次西宮，封永福宮莊妃。

蒙古的科爾沁部歸附後金最早。科爾沁部左翼首領、明安貝勒之兄莽古思於西元一六一四年將女兒送與皇太極為妻，這就是皇太極的中宮皇后孝端文皇后，也稱為哲哲皇后。滿蒙聯姻，進一步促進了其政治上的穩定關係。西元一六二九年，皇太極起兵征明，科爾沁部二十三位貝勒率領部眾追隨，為擊敗明軍立下了赫赫戰功。

西元一六二五年，科爾沁貝勒宰桑之子吳克善送呈妹妹布木布泰與皇太極為妃，即後來在歷史上大名鼎鼎的莊妃。宰桑貝勒是莽古思之子、中宮皇后的兄弟，因此莊妃是皇太極中宮皇后的親姪女。莊妃是順治皇帝福臨的生母，她一生經歷清初三朝，正是由亂到治的關鍵歷史時期。她全力輔佐皇帝，對調和清宮內部矛盾和鬥爭，穩定清初社會秩序，為促進國家的統一做出了重大貢獻。後世稱之為「清代國母」。

西元一六三四年，吳克善又送一妹至瀋陽與皇太極為妃，這次送來的是莊妃的胞姊海蘭珠，被皇太極納為宸妃。至此，莽古思一門姑姑姪女三人同嫁一夫皇太極。

宸妃海蘭珠是皇太極的最愛，他以《詩經》中象徵愛情的詩句「關關雎鳩，在河之洲，窈窕淑女，君子好逑」，將宸妃居住的寢宮命名為「關雎宮」。宸妃的地位在五宮中位居第二，僅次於其姑母孝端皇后。但天妒紅顏，宸妃海蘭珠在三十三歲就病故了。皇太極為此悲慟欲絕，寢食俱廢，乃至昏死過去，經緊急搶救，才漸漸甦醒過來。皇太極為宸妃舉行了隆重的喪禮，賜諡號為敏惠恭和元妃，是清代妃子諡號中字數最多的。

自從失去宸妃，皇太極朝夕悲痛，飲食頓減，身體每況愈下，還常常「言語無緒」。後來，諸王大臣請他去到蒲河射獵，藉以消愁解悶。不想，路過宸妃墓，觸景傷情，又引得他大哭一場。宸妃死後不到兩年，皇太極也命歸九泉了。皇太極對宸妃這種真情篤意，在歷朝皇帝中都是少見的。

滿清政權初期，儒家的那一套尚未完全占領其執政者的頭腦。在皇太極的后妃中，一個已經為他生過兩個女兒的側妃——蒙古扎魯特部戴青貝勒之女博爾濟吉特氏卻被皇太極命令改嫁他人，嫁給了葉赫部的德爾格爾台吉之子南楮為妻。史載：「汗之第三福晉扎魯特部巴雅爾圖戴青之女因不合汗意，給了葉赫部的德爾格爾台吉之子南楮。」皇太極做為一代帝王，卻做出令自己的妾妃改嫁的事情，令人匪夷所思，這在中國的封建帝王中是罕見的。

史上唯一記錄皇帝與草民辯論的奇書

清雍正七年（西元一七二九年），雍正皇帝因曾靜反清案件而刊行了《大義覺迷錄》一書。全書共四卷，由雍正皇帝欽定編纂，內收有雍正皇帝本人的十道上諭、審訊詞和曾靜口供四十七篇、張熙等口供兩篇，後附曾靜〈歸仁說〉一篇，目的是為了「教育」有反清復明思想的漢族知識分子。這是中國歷史上唯一一部至尊皇帝與平民囚犯進行大辯論的書，也是洩漏宮廷內幕、隱祕最多的一部御製國書。

《大義覺迷錄》的刊行，緣於湖南的曾靜投書案。

曾靜其人，性迂闊，喜談道學，有反清思想，是清代很有名的書生「革命家」。他生於西元一六七九年，卒於一七三五年，湖南省永興縣鯉魚塘鎮人。幼年喪父，母親把他拉扯大，家境十分貧寒。他曾醉心於功名但屢試不第，於是斷了科舉入仕之念，在鄉村閉門授徒，經常向學生們散布反清言論。

雍正五年，曾靜在省城讀到了清初傑出思想家、詩人和時政評論家呂留良的文章，對「其中雖有數十年，天荒地塌非人間」的詩句，佩服得五體投地，認為呂留良有皇帝之才，無皇帝之命。

出於仰慕之情，曾靜派得意門生張熙去浙江拜謁呂留良，但當時呂留良已去世四十餘年了。呂留良的兒子呂毅中交給張熙其父的一批著作，有日記一本、詩集一本、日記草本四束、抄本文集四本和散詩稿一束等。不虛此行的張熙把這些著作帶回後，曾靜如獲至寶大喜過望。

靜下心來仔細研究了「革命導師」呂留良的這些文集後，曾靜更加堅定了自己反清的政治主張，他先後寫了《知新錄》、《知幾錄》兩本書。在《知新錄》裡，他大膽放言：「如今八十餘年沒有君，不得不遍歷城中，尋出個聰明睿智人出來做主……」，「中原陸沉，夷狄乘虛，竊據神器，乾坤翻覆」，「華夷之分，大於君臣之倫，華之與夷，乃人與物之分界」，又稱「春秋時皇帝，該孔子做；戰國時皇帝，該孟子做；秦以後皇帝，該程子做；明季皇帝，該呂留良做，如今卻被豪強所奪」。他還集中列舉出雍正皇帝的「十大罪狀」，即謀父、逼母、弒兄、屠弟、貪財、好殺、酗酒、淫色、誅忠、好諛任佞等，說

雍正皇帝是歷史上少見的暴君。

曾靜以「華夷之分」理論入手排滿，並四處宣傳，鼓勵群眾團結起來反抗滿族統治，光復漢業，儼然一位「眾人皆醉我獨醒」的啟蒙思想家。

雍正六年，曾靜聽說川陝總督岳鍾琪兩次要求進京覲見，卻被皇帝拒絕，認為岳鍾琪是岳飛的後代，而岳飛是因女真犯宋而被冤殺的，所以岳家與滿族有世仇。曾靜便派學生張熙帶著他的書信到西安去找岳鍾琪，策動起兵反清。曾靜的書信中對雍正帝極盡責罵之詞，又以岳飛抗金的事蹟激勵做為岳飛後裔的岳鍾琪，勸他掉轉槍頭指向金人的後裔滿洲人，為宋、明二朝復仇。

岳鍾琪是岳飛的二十一世孫，出身於武將世家，祖父岳鎮邦曾任左都督、紹興協副將，岳鍾琪本人也在康熙末年平定西藏之亂時立下戰功而升為四川都督，隨後又在雍正二年（西元一七二四年）率軍隨同年羹堯大將軍入青海平定羅卜藏丹津的叛亂，由於戰功卓著，加之年大將軍因為飛揚跋扈被雍正整肅，結果岳鍾琪接任了年羹堯的川陝總督位子，一時間可謂是聖眷正濃，春風得意。

但是，川陝總督這個位子一向為滿族權貴子弟所壟斷，岳鍾琪雖說是漢軍八旗出身，但依舊被人嫉妒中傷，一些人躲在暗處給雍正偷打小報告，說岳鍾琪存有反心。據雍正後來說的，足足有一籮筐之多。這些猜疑和誹謗，並非都是空穴來風。就在雍正五年（西元一七二七年），有個叫盧漢民的人突然在成都街上大喊大叫：「岳公爺帶川陝兵造反了，西城門外開有黑店，要殺人！」弄得當時謠言四起，人心惶惶。當然，這個盧漢民後來很快被抓住，經嚴格鑒定，此人是精神病患者，有關部門最後將之從速處死了事。

「盧漢民事件」發生後，岳鍾琪慌忙向朝廷引咎辭職，但雍正對此頗不以為然，他不但沒有責怪岳鍾琪，反讓岳鍾琪繼續「鼓勵精神，協贊朕躬，造無窮之福，以遺子孫！」

聖上如此寬厚待己，岳鍾琪自然是感激涕零，對清廷忠心不二，根本無意造反，反而一直想尋找機會報答皇上。這次張熙來勸岳鍾琪謀反，給岳鍾琪一個向皇帝效忠盡力的好機會，由於事情重大，岳鍾琪派人將此信以最快的速度密報雍正，請求如何處理。密旨很快就到了，雍正在諭旨中不無惱怒地說「遇此種怪物，不得不有一番出奇料理」的手段，嚴加審訊。雍正還主動建議說，不要採用原先那種簡單粗暴的刑訊逼供，而要想個引蛇出洞的法子進行誘供，

定要把這事查個水落石出。

於是，岳鍾琪按照雍正的密旨，開始祕密審問張熙。張熙倒還有點骨氣，打死也不說。岳鍾琪便使了個詭計，假稱前面是試探張熙，還和他歃血為盟，後見張熙已經落入自己的圈套，順勢說自己也早想造反，但苦於自己身邊沒有諸葛亮、劉伯溫這樣的謀士，一時無從動手。張熙聽後，立刻上當，說自己的老師曾靜英明睿智，必定能擔此重任。不僅如此，張熙還得意地告訴岳鍾琪，他們在湖廣、江西、兩廣、雲貴六省都已發動了群眾，「一呼可定」，反清事業定然成功。

此時，岳鍾琪方知曾靜是幕後指使人。岳鍾琪獲得真實情況，馬上向雍正做了奏報。由於張熙已說出內部情節，曾靜也無法隱瞞實情，交代了他們與浙江呂毅中、呂留良弟子嚴鴻逵等人的連繫。之後，雍正立即派出刑部侍郎杭奕祿、副都統黨羅海會同湖南巡撫王國棟，聯合拘訊曾靜。

雍正得知曾靜的荒唐之舉是受呂留良的影響後，便對早已去世多年的呂留良恨之入骨。呂留良向以操守自重，不仕清，而是招徒講學，很有名氣。順治時，他參加過考試，後來歸隱山林。地方官幾次以「山林隱逸」要他出來做官，他都辭謝。呂留良招徒講學，號召人們要堅持漢民族立場，不要為夷狄政權服務。在他的語言和文字中，從未承認清政府是合法的政權。康熙時期，有人推薦呂留良做「博學宏詞」的考選，他也不參加。最後，他終於削髮當了和尚，直到康熙二十二年病逝。儘管呂留良隱居山林之中，從事著書立論，但他的排清念明思想和骨氣，以及學識淵博，存留在大江南北，影響了大批後人。

雍正帝將曾靜與死去的呂留良嚴格劃分：「曾靜只譏及朕躬，而呂留良則上誣聖祖皇考之盛德；曾靜之謗訕由於誤聽流言，而呂留良則自出胸臆，造作妖妄，是呂留良之罪大惡極，尤較曾靜為倍甚者也。」

於是，龍顏大怒的雍正帝下了嚴旨：「將大逆呂留良所著文集、詩集、日記及他書，已經刊刻刷印及鈔錄者，於文到日出示遍諭，勒限一年，盡行焚毀。」

清朝官員一邊在湖南逮捕曾靜、張熙，一邊在浙江迫害呂留良的家人。呂毅中和沈在寬（嚴鴻逵學生）被誅殺，連去世多年的呂葆中（呂留良之子）也遭到掘墓戳屍的處分。還將呂、嚴兩家直系家族凡十六歲以上的男丁全部處斬，十五歲以下的母妻姐妹不是姦殺，就是發配功臣家為奴，實在慘絕人寰。

連刊刻呂留良之「逆書」的車鼎豐、車鼎賁，都是秋後執行斬首，孔用克、周敬輿私藏禁書，也被「斬監候」。

雍正為讓曾靜、張熙作為活口人證，對之耐心「開導」、軟化，使軟骨頭的曾靜從反清轉而竭力譴責呂留良，吹捧清王朝，並寫出〈歸仁說〉，從理論上陳述清朝統治的合法性，要世民「歸仁」於清。曾靜同時為自己誤信了呂留良的邪說表示痛心懺悔，說什麼「該死該剮的罪，盡是呂留良之說所陷」，誤解了英明君主。同時，又對雍正大肆歌功頌德，什麼「皇上淵衷至仁，天性至孝，發慮至誠，修己至敬，而道德之純熟，學問之深淵，歷練之縝密，處事之精詳，則又一理之渾然」，讚美「我皇上又如此道全德備，超越千古」，是「數千年而始生一大聖人」也。

後來，雍正給曾靜以特別優待，不僅沒有責罰，而且還玉食錦衣地將其供養起來。他命令地方官員安排曾靜到湖南觀風整俗使任職，又命奕祿帶他到江寧、杭州、蘇州等各省學府去現身說法，當眾認錯，並為雍正闢謠，宣揚雍正至仁至孝和勤政愛民的各種功德，以消弭全國文人的反清情緒。

通過審訊曾靜，雍正得知他弟弟允祀、允禟等人的忠實隨從，在各地宣揚他用非法手段篡奪皇位的內幕，並針對曾靜、呂留良及弟子嚴鴻逵的反清觀點，寫出關於清朝統治中國的合法性的辯論，最後與曾靜的供詞及〈歸仁說〉，彙編成《大義覺迷錄》四卷頒發天下。這本書的書首為雍正的一篇萬言長諭，其後是訊問曾靜等人在獄中受審的供詞，最後附上曾靜的〈歸仁說〉一文。

四卷本《大義覺迷錄》是曾靜的文字獄的歷史記錄，具有極高的史料價值。雍正在曾靜投書案結束後，親自編纂，刊刻成書。

《大義覺迷錄》刊印後，雍正下令頒發全國所有學堂，命教官督促士子認真觀覽曉悉，玩忽不學習者治罪。西元一七三〇年四月四日，《大義覺迷錄》的第一套刻版完成。第一批印刷了五百冊，分發給在京的文武大臣，第二批印成後發送給各省高級官員，各省督撫還收到一套作為其所在省的印書館範本，以便刻製新的木刻印板，分發給本省的大量低級官員，後者繼續傳遞給縣鎮內的讀書人。

疆域遼闊的大清國中，大多數人並不識字。雍正皇帝選取了才學與道德都值得他信賴的文人，派遣到西北宣講《大義覺迷錄》的宗旨。這些長期埋首於儒學經典與權力鬥爭中的京城官員，穿越還算繁華的市鎮，走到人煙稀少的鄉村。在所到之處，他們建立起一座座臨時「龍亭」，焚燒香料，在努力營造的莊嚴氣氛中，大聲宣講授《大義覺迷錄》。據記載，當時在蘭州的一場講授中，宣講者是鄭禪寶，大約有一萬名士兵和百姓聚集在一起，虔誠地聽講，在理應人煙稀少的酒泉，則有兩萬人加入了聽眾的隊伍。全國的其他各地，也是書聲琅琅，對《大義覺迷錄》的宣講不絕於耳。

雍正十年，轟動一時的曾靜投書案以嚴懲允祀的追隨者及呂留良後人，寬釋曾靜、張熙而告終。雍正說：「朕治天下，不以私喜而賞一人，不以私怒而罰一人。」並下令說：「曾靜係朕特赦之人。」釋放曾靜時，雍正皇帝還說：「朕之子孫將來亦不得以其詆毀朕躬而追究誅戮。」

然而，雍正的繼承者乾隆卻和雍正對此事的看法不一樣，甚至是背道而馳。雍正死後，新君乾隆登基僅僅四十三天，就將曾靜、張熙處以凌遲，並嚴令收繳和銷毀《大義覺迷錄》，列為禁品。若是民間有人私藏或閱讀此書者，一律處死。從此《大義覺迷錄》成為絕世罕見的一部皇帝撰寫的御製國書，湮沒二百多年不見天日，這一切更增加了它的神祕色彩。《大義覺迷錄》今存雍正年間內府原刻本及外省翻刻本，另有光緒末年香港仁社書局鉛印本，解放後中華書局有排印本。

乾隆之所以與雍正處置曾靜謀反案大相徑庭，有他周密的考慮。他在青年時代目睹了這場文字案的前前後後，他清楚地認識到：父皇想將誹謗公布天下，以獲清白，卻起到了完全相反的作用。對曾靜謀反案和呂留良文字獄案的公開審訊和批判，實際是把父皇自己推上審判臺；雍正的「華夷之別」新釋、十大罪狀的自我辯解、皇宮中的祕聞醜事洩露、皇子間爾虞我詐、文武大臣間明槍暗箭等等，統統詳細地記錄於《大義覺迷錄》一書中，損害了萬乘之尊皇帝的形象，暴露了國祚和宮廷的絕密，起到反宣傳作用，根本達不到使臣民「覺迷」的目的，只能更增強人們的反清排滿情緒，對清朝統治極為不利。因此必須徹底剪除禁錮異端思想的蔓延，肅清其流毒。同時留著這兩個「彌天重犯」當「反面教員」，更難以起到「感化」教育的作用，乾脆一殺了之。

同朝同名同清廉的兩位封疆大吏

清朝康熙年間，同時活躍著兩個都名叫于成龍的督撫大員。這兩人不僅同名同姓，曾同在一起共事，又都曾先後擔任過直隸巡撫，而且都以清廉名世，死後皆得以入祀賢良祠。

此二人，一位是享有「天下廉吏第一」美譽的山西永寧人于成龍，字北溟，曾任直隸巡撫、兩江總督等要職。他生於明萬曆四十五年（西元一六一七年），卒於清康熙二十三年（西元一六八四年），比另一位于成龍要大二十一歲，所以本文稱之為大于成龍。

另一位是治理永定河的遼東蓋州人于成龍，為漢軍鑲黃旗人，字振甲，曾任直隸巡撫、河道總督等要職。他生於西元一六三八年，卒於西元一七〇〇年，本文稱之為小于成龍。

大于成龍是個大器晚成的人。他在明崇禎十二年（西元一六三九年）曾經參加過鄉試並中副榜貢生，但因為父親年邁需要照顧而沒有出去做官。直四十五歲才以明經謁選清廷吏部，被授以廣西柳州羅城縣知縣。此後，他歷任知縣、知州、知府、道員等地方官，一直做到位高權重的兩江總督，所到之處，皆有政聲。尤其是始終清廉自守，多行善政，深得士民愛戴。

康熙二十年二月初五．康熙召見大于成龍，讚其「當今清官第一，殊屬難得」。短短半個月內，于成龍就得到康熙的召見、賜飯、賞銀、賞馬、賜詩，可謂榮耀之極。同年十二月，大于成龍又被任命為兩江（江南江西）總督，成為封疆大吏。

大于成龍在歷來被視為肥差的兩江總督任上，清廉至極。公務時間，他的衙署大門始終敞開著，官吏有事找他，就直接進入他的寢室。他的桌案上左邊放著生薑、豆豉，右邊放著案卷文書，就像農村的教書先生一樣，隨便與人交談。江南生活比較富裕，許多官員以紙醉金迷為榮。于成龍卻每日食粗糧、青菜，而被江南人稱為「于青菜」。遇上荒年，他即以糠屑雜米為粥，全家人都這麼吃，客人來了也不例外。客人問他，為什麼要這麼清苦？他答道：「多留一些米，就可以多賑濟一些饑民。」于成龍吃飯簡單，喝茶更是簡樸得令人掉淚，他的僕人無錢為他買茶葉，每日採摘衙後槐葉給他代茶用，樹竟為之禿！

在大于成龍身體力行的影響下，江南各地的社會風氣發生了明顯變化。官僚、鉅賈都脫下綾羅綢緞，改穿布衣；高門大戶，將大門樓改築成小門樓；橫行鄉里的少數惡霸，也都悄悄地避居到外地。但不少人是懾于大于成龍的威勢，表面上表現出改邪歸正的樣子，背地裡卻極力造謠誹謗。誣蔑大于成龍來到富庶的江南後，也開始作威作福，不像以前那樣清廉了。由於眾口鑠金，連一向對大于成龍頗為信任的康熙皇帝，也聽得起了疑心。於是康熙帝暗中派人去調查，得知實情後感動得流淚，拿出寶劍斬斷桌子說：「如再有人說于成龍是貪官，這就是他的下場。」

大于成龍十分注重教育。他創辦的直隸「漳南書院」和江南「虹橋書院」，都是清代著名的學府。他還是治盜省刑的能手，處理案件，秉公善斷，民間呼為「于青天」。清代著名小說家蒲松齡把有關于成龍破案的生動傳說，記敘在《聊齋志異》之中。于成龍的輕刑、慎刑、重證據、重調查的法制思想，在中國的法制史上有一定的影響。

康熙二十三年，大于成龍病逝於兩江總督任上。他的私人財產少到讓人難以置信的程度，同事們進入他的房間清點遺物，箱子中只有粗線織的袍子一套和床頭佐餐用的幾包豆子，再無其他一件值錢的東西。大于成龍去世後，「民罷市聚哭，家繪像祀之」。後來，凡是他做官的地方——江寧、蘇州和黃州等都為他建立了祠堂，以緬懷這位真正的「青天」。康熙帝還為大于成龍親書「高行清粹」的匾額，並賜諡「清端」，加贈「太子太保」，以示褒獎。康熙又親自改定大于成龍祭文、碑文，並親筆書寫碑文。雍正十年，大于成龍又入祀北京賢良祠。

當大于成龍任直隸巡撫時，小于成龍任通州知州。大于成龍破格向康熙皇帝推薦了小于成龍，言其「清操久著」，「可大用」，使其升任江寧府知府。康熙皇帝對小于成龍也是格外垂青，在南巡時特地召見了他，並勉勵他要向大于成龍學習。不久，康熙即升小于成龍任直隸巡撫，任河道總督、左都御史，並多次賞銀、賜鞍馬。小于成龍也沒有辜負康熙的期望，在興修水利方面成績十分出色，特別是他任直隸巡撫期間對永定河的治理更是在中國古代水利史上占有的重要一頁。死後也被入祀賢良祠。

小于成龍與大于成龍一樣，也以清廉著名於朝廷內外。康熙曾多次稱讚小

于成龍居官清廉，且不吝賞賫，他曾諭大學士明珠等曰：「居官清廉如于成龍者甚少，世間全才未易得。」，又對前來陛辭的于成龍說：「今之督撫，朕可相信者，惟兩江總督于成龍、江南巡撫湯斌及汝三人耳。」

大于成龍擅長書法，詩詞亦工。他的著述、奏稿等先後由其門人和孫于准輯成《于山奏牘》和《于清端公政書》行世。《于清端公政書》為《四庫全書》收錄，藏之名山。此外，大于成龍任職直隸和兩江期間，曾組織編寫了他《畿輔通志》四十六卷和《江南通志》五十四卷，對整理和保存當地的政治、經濟、文化資料做出了貢獻。

小于成龍一生也給後人留下了許多著作，特別是他在任職江寧期間編撰的《江寧府志》尤為珍貴。當時正是曹雪芹曾祖父曹璽、祖父曹寅一家在江寧任江寧織造的時候，小于成龍與曹家諸人非常熟悉，把曹璽作為江寧的著名人物編入了《江寧府志》，因此《江寧府志》成為紅學研究的重要參考文獻之一。

曾國藩為活人寫輓聯的離奇愛好

錢鍾書在《圍城》中有這麼一段妙語：汪處厚雖然做官，骨子裡只是個文人，文人最喜歡有人死，可以有題目作哀悼的文章。棺材店和殯儀館只做新死人的生意，文人會向一年、幾年、幾十年、甚至幾百年的陳死人身上生發。「周年逝世紀念」和「三百年祭」，一樣的好題目。汪處厚在新喪裡作「亡妻事略」和「悼亡」詩的時候，早想到古人的好句：「眼前新婦新兒女，已是人生第二回。」只恨一時用不上……

曾國藩就有汪處厚這樣的癖好，他也寫了不少「只恨一時用不上」的輓聯，並為此而開罪了好友湯鵬。

曾國藩在做京官時，居官問學之餘，喜歡創作對聯，尤其喜作輓聯。輓聯頗有蓋棺論定的意思，數十個字的篇幅，既要總結生平，又要表達情感，兼要發表評論，還要有一定的高度，不下苦功夫實在寫不好。只是，可作輓聯的人多為新近死去的親朋故舊，哪裡會有那麼多蓋棺定論的死者等著他「敬輓」呢？此公眉頭一皺，計上心來，稍做變通，進行「生輓」——就是給身邊熟悉的活人預寫輓聯，以資練習。這種做法當然不厚道。但對提高水準，據說倒是助益顯著。當然，這事兒得偷偷地，絕不敢讓被輓者知道。

道光年間的一個春節，曾國藩正利用春節閒暇在書房中創作輓聯，比他大十歲的好朋友湯鵬適時前來拜年。二人關係素來密切，湯鵬也就不待通報徑直到書房來找曾國藩。說來也巧，曾國藩這時正寫到「海秋（湯鵬字）夫子千古」，陡然見到被輓者現身，趕緊手忙腳亂地藏掖條幅。湯鵬以為他在寫春聯，只是好奇為啥用白紙不用紅紙，便要看看寫了什麼。曾國藩死死捂住，湯鵬秉性霸蠻，兼好奇心重，就不管不顧地一把扯過來看個究竟。不看則已，一看差點暈——好朋友竟在這新春吉日給自己寫輓聯！這還得了，湯鵬對曾國藩重重吐了口唾沫，拂袖而去。

不用說，這都是輓聯惹的禍。湯鵬是湖南益陽人，字海秋，曾國藩的老鄉，兩人又都是重臣穆彰阿的得意門生，在一起做京官，過從甚密。輓聯風波後，怒不可遏的湯鵬與曾國藩反目，割袍斷義。

湯鵬聰慧過人，他二十二歲中舉，二十三歲進士及第，被譽為「凌轢百代之才」，「意氣蹈厲，謂天下事無不可為者」，認為「徒為詞章士無當也」。其人性情儻易，不中繩墨，喜歡放言高論，目無餘子，甚至連司馬遷、韓愈都不放在眼裡。湯鵬雖科甲順利，官場卻很不得志，「禮曹十年不放一府道，八年不一御史」，長年待職閒曹，終不為朝廷重用。後來更因事遷謫，「恃才傲物，謗口繁多」。

湯鵬的死也很是離奇。一天酷熱，幾個朋友聚在湯鵬家閒聊。有人偶然說到大黃藥性猛烈，不可隨便服用。湯鵬漫不經心地說：「那有什麼？我經常服用它。」大家感到愕然，半信半疑。湯鵬大怒，立刻命僕人去藥鋪買了幾兩回來，馬上煎服。喝了一半，朋友們擔心出事，攘肩捉背，群起制止。但湯鵬堅決不聽，堅持將一罐大黃全部服下，結果當天暴卒。好奇倔強到不惜生命的地步，實屬奇人奇事。曾國藩在祭文中沉痛地說「一呷之藥，椓我天民」，即指此事。

對於兩人絕交的真正原因，曾國藩自然也不會承認，因為承認了將有損他的道德文章形象。他在給湯鵬寫的祭文中，將兩人斷交的原因歸結於湯鵬對曾

國藩批評其著作《浮邱子》不滿：「一語不能，君乃狂罵。我實無辜，詎敢相下？」

湯鵬的死，曾國藩為其送上的輓聯是：「著書成二十萬言，才未盡也；得謗遍九州四海，名亦隨之。」

至於這是曾國藩當時即興寫就，還是「生輓」的成稿，自然只有他自己清楚了。曾國藩後來的輓聯創作日漸爐火純青，他的全集中，收有其創作的輓聯七十七副。近代古文家、詩人吳恭亨曾說：「曾文正聯語雄奇突兀，如華岳之拔地，長江之匯海，字字精金美玉，亦字字布帛菽粟。」對曾氏之聯語評價不可謂不高。

挽救許多生命的六字箴言

大教育家陶行知在南京燕子磯寫下的「想一想死不得」警示牌，使無數欲在此輕生的人打消了投江的念頭，挽回了許多生命，這不能不說是中國文化史上的一大奇蹟。這六個字充分體現了語言的力量，更彰顯了文化的張力。

燕子磯位於南京城區東北郊的長江邊上，是幕府山東延之餘脈，有「天下第一磯」之稱。陡峭的山崖兀立江畔，三面臨江（只有南面與江岸毗連），壁立千仞，宛若展翅欲飛的燕燕，故名「燕子磯」。立於磯頂遠眺，視野開闊，長江一瀉千里，江帆點點。江邊怪石險峻，突入江心，在磯上俯視更見磯下驚濤拍岸、江水洶湧澎湃。巨浪翻滾，漩渦一個挨一個。湍急的江流拍打著赤褐色的懸崖石壁，江風捲起的大浪一波接一波地向磯底的崖石撞去，化作萬千水花，尤為壯觀。

磯，即水邊突出的岩石或石灘。燕子磯與安徽採石磯、湖南岳陽的城陵磯並稱為長江三大磯。燕子磯地勢十分險要，自古便是重要的長江渡口和軍事重地，更被譽為「萬里長江第一磯」。這裡歷來是文人墨客臨江抒懷的勝地，筆者考證，李白、史可法等名流都曾在此飲酒賦詩，而清初康熙、乾隆二帝下江南時，也都曾泊舟此處。磯頂現有御碑亭一座，亭中石碑正面刻著清乾隆帝所書「燕子磯」三個大字。而「燕磯夕照」早在明末清初時就是「金陵四十八景」之一。

這樣一個風景美麗的地方，竟然曾經是個著名的「自殺勝地」，一處令人膽寒心碎的「鬼門關」。南京數百年來流傳著一句俗語：「燕子磯的肉包子，一兩（仰）一個。」意思是說在燕子磯跳崖墜江自殺者多。據資料記載，過去數百年間，燕子磯發生的跳崖自殺悲劇多得無法統計。也許是見得多了，人們漸漸麻木、漠然，習以為常，以至於人的生命像「肉包子」般無足輕重。終於，西元一九二七年，有一個人走來了，他平心靜氣但又痛心疾首地說了句：「想一想，死不得。」聲音不大，卻如黃鐘大呂震醒世人，從鬼門關口拉回了許多正在走向死亡的生命。這個人，就是大教育家陶行知。

西元一九二七年，陶行知來到南京燕子磯畔的曉莊鄉，創辦曉莊師範學校。一天，他聽到人們談論，燕子磯下又浮起了一具女屍，並且是個學生。他極感不安，立即到學校木工場找來塊木牌，在上面寫了勸喻輕生者的話：「想一想死不得」。大字下邊還寫了幾行小字：「人生為一大事來，當做一件大事去。你年富力強，有國當救，有民當愛，豈可輕生？死有重於泰山，或有輕於鴻毛，與其投江而死，何如從事鄉村教育為中國三萬萬四千萬同胞努力而死！」陶行知把木牌豎立在燕子磯頭，又委託一位在附近開茶館的朋友多留心，看見有人在磯頭徘徊要趕快上前勸說。此後，不少來到這兒打算自殺的人，看了木牌，聽了勸說，「想一想」後，真覺得「死不得」，終於重新鼓起了生活的勇氣。

文革期間，兩位被打成「臭老九[4]」的知識分子不堪忍受凌辱，一起來到燕子磯，準備終結生命，但陶行知先生的勸誡牌攔阻了他們，他們咬牙堅持活了過來，終於盼到了雲開日出。西元一九八〇年，時年八十八歲的復旦大學教授陳子展回憶說：「我在南京上大學時得了胃潰瘍。一次我正在讀書，一陣陣劇痛襲來，簡直使我要發瘋了，便無可奈何地來到燕子磯，想跳江了卻一生。我抬頭望去，只見木牌上寫著『想一想死不得』，我猛醒，終於打消了輕生的

念頭。」

簡單樸實的六個字，居然挽救了許多生命，可謂功莫大焉。閱盡人間風雨的燕子磯如今依然守望著長江，當年陶行知立的木牌因歲月滄桑已不復存在，我們現在見到的是後人復立的石碑，但上面鐫刻著六個大字「想一想死不得」，依然是陶行知的手跡。

4 臭老九：中國文化大革命時期對知識分子的貶稱。

民國第一寫手張恨水

張恨水一生創作了一百二十多部小說和大量散文、詩詞、遊記等，共近四千萬字，現代作家中無出其右者。其代表作有《春明外史》、《金粉世家》、《啼笑因緣》、《八十一夢》等。他不僅是當時最多產的作家，而且是作品最暢銷的作家，有「中國大仲馬」、「民國第一寫手」之稱。

張恨水，安徽潛山人，原名張心遠，筆名「恨水」，取自李煜詞「自是人生長恨水長東」。西元一九二四年，張恨水因九十萬言的章回小說《春明外史》一舉成名，長篇小說《金粉世家》、《啼笑因緣》更將其聲望推到最高峰。其作品上承章回小說，下啟通俗小說，雅俗共賞，成功對舊章回小說進行革新，促進了新文學與通俗文學的交融。茅盾讚曰：「運用章回體而善為揚棄，使章回體延續了新生命的，應當首推張恨水先生。」老舍則稱他「是國內唯一的婦孺皆知的老作家。」

上世紀三〇年代的北平，有五六家報紙同時連載張恨水的數篇長篇小說。其小說懸念叢生，人物命運跌宕起伏。每天下午兩三點，就有很多讀者在報館門前排隊，欲先睹為快。小說中一女主人公積勞成疾，命在旦夕，讀者來信竟如雪片般飛湧報館，異口同聲地為其請命。

張恨水的代表作《啼笑因緣》，再版二十多次，先後六次拍成電影，創下了一個紀錄。還有不法書商盜用張恨水的名字，攢出了一百多部偽書，在市面上銷售，竟也賣得不錯。

西元一九二八年是張恨水寫作最忙的時期。這一年，他同時有《春明外史》、《春明新史》、《金粉世家》、《青春之花》、《天上人間》、《劍膽琴心》六部長篇小說在不同的報刊上連載，六部小說的人物、情節、進程各不相同，如此超群出眾的寫作才能，確非常人所能想像。其時，文友中風聞傳說：每天晚上九點，報館來索稿的編輯便排隊等在張家門口，張恨水低頭在稿紙上奮筆疾書，數千字一氣呵成，各交來人。甚至有一日，他坐在麻將桌上上了癮，報館來人催稿子，他左手打麻將，右手寫，照樣按時交稿。

他的讀者上有鴻儒，下至白丁。被尊為「教授之教授」的大學者陳寅恪也是張恨水的粉絲。早在西南聯大之時，陳寅恪身染重疾，雙目失明，他請好友吳宓去學校圖書館，借來張恨水的小說《水滸新傳》，每日讀給他聽，這便成了他每日病床上的唯一消遣。

現代著名作家張愛玲也是在張恨水的影響下走上文壇的。十三歲那年的某一天，張愛玲在書攤上讀了一本張恨水的通俗小說，曲折多變的情節深深吸引了她，之後她又專門找了幾本來讀。讀了之後，張愛玲突發奇想，我要是也能寫幾部通俗小說該多好啊。有一天她開始動筆了，人物都是《紅樓夢》中現成的，有賈寶玉、林黛玉，還有賈政、王夫人，更有襲人、晴雯等人。不過這些人穿的都是現代人的衣服，說現代人的話，做現代人的事，逛上海灘，徜徉十里洋場，乘人力車，到霓虹燈下談情說愛……小說每寫好一個章節，她都要拿給父親看，父親往往欣然命筆，擬上回目。等小說寫完了，訂成上下兩冊手抄本，寫上書名——《摩登紅樓夢》。

西元一九四三年張愛玲以中篇小說《沉香爐》在上海文壇橫空出世，被稱為現代最有才華的女作家。她的小說集《傳奇》、散文集《流言》都是上海四〇年代的暢銷書，一時為之洛陽紙貴。

魯迅的母親是張恨水的「小說迷」，魯迅是個孝子，每逢有張恨水的新書出版，是一定要買回去送給老母親看的。筆者查閱《魯迅全集》，其中直接提到張恨水的地方只有一處，是西元一九三四年魯迅在上海寫給母親的一封信：「母親大人膝下敬稟者，……三日前曾買《金粉世家》一部十二本，又《美人恩》一部三本，皆張恨水作，分二包，由世界書局寄上，想已到，但自己未曾看過，不知內容如何也……」

張恨水曾自比「推磨的驢子」，「除了生病或旅行，沒有工作，比不吃飯都難受」。在張恨水的女兒張政的記憶中，父親「大約每日九點鐘開始寫作，直到下午六七點鐘，才放下筆吃晚飯，飯後稍事休息，然後寫到夜裡十二點鐘，日復一日」，「父親的寫作很辛苦，在書桌前，他俯伏了一生」。

張恨水「稿德」之佳，在報館編輯中也有公論。向他約稿，幾乎有求必應，也從不拖稿，《金粉世家》連載五年零四個月，只是因為女兒患猩紅熱夭亡，過於悲痛，停登過一天。而二十四小時之後，又將後稿補上。

當時，高官政要紛紛以結交張恨水為榮。蔣介石、宋美齡前往看望，張恨水客氣接待，卻讓傭人送其出門；張學良派副官赴京，邀張做文化顧問，掛個虛職，月薪一百大洋，張恨水卻以「君子不黨」婉拒。這個帶著皖南口音的「鄉下人」，一生未入任何黨派，也不任公職，奉行「流自己的汗，吃自己的飯」的人生守則，姿態低到極致。他曾自言道：「寫字就是營生罷了，如同擺攤之類的小本生意，平淡如斯，實在如斯。」

他引以為榮的，是「自家在北平的大宅子，是用稿費換來的」，「全家三十多口人，靠一枝筆，日子倒過得不錯」。宅院裡有他親手種的棗樹、槐樹、櫻桃樹、桑樹和丁香，「隔著大玻璃，觀賞著院子裡的雪和月，真夠人玩味」。

張恨水的小說發行量之大，可謂空前絕後，當今的暢銷書作家們根本無法和其相比，只能望洋興嘆。僅他的《啼笑因緣》，至少出過二十餘版，這還僅僅是指正式出版的數量。如今書籍市場上最流行、也最讓人頭痛的「盜版」問題，並非現代人的發明，在張恨水的那個時代就早已存在了。在抗戰時期，僅在淪陷區便出現過一百多種冒名「張恨水」的偽書。

有這樣一件趣事，西元一九五六年，張恨水列席中國政協二屆二次全會，茅盾把他介紹給毛澤東，毛澤東說：「還記得，還記得。」茅盾說：「《××》那本書就是他寫的。」張恨水連忙更正：「那是偽書，我寫的是《春明外史》、

《金粉世家》。」由此可見冒名「張恨水」的偽書氾濫到了什麼程度，竟連茅盾也真假難辨。

有人非議其小說盡是「風花雪月，鴛鴦蝴蝶」，他從不辯駁。有友人當面問起，他只是溫和地反問：「鴛鴦與蝴蝶……和人的關係、感情都處得不壞，幾曾見過人要撲殺鴛鴦蝴蝶？又聽說過鴛鴦蝴蝶傷害了人？」西元一九四八年底，正值新舊政權交替之時，張恨水突患中風，喪失寫作能力。隨後，經周恩來特批，聘請其為文化部顧問，按月發給六百斤大米。西元一九五四年，張恨水病情剛好轉，便辭去職務，又專事寫作，以此謀生。

女兒張政回憶說，此時的張恨水，已經是步履蹣跚，口齒不清，「爸爸伏案而作，夜深人靜，只有窗前一叢茅竹的影子，和他默默相對」。

此時，儘管政府對張恨水的生活有所安排，每月可以得到一定的生活費用，但他畢竟是在病中，無法寫作，沒有直接的經濟來源。而家裡人口又多，開支還是很大的。他便賣掉了原先的大院子，換了磚塔胡同四十三號的一處小四合院（也就是如今的九十五號）。這個院子不大，但還算規整。三間北房，中間是客廳兼飯廳，西屋是臥室，東屋是張恨水的書房兼臥室。院裡還有南房三間、東西廂房各兩間，是家裡其他人住的地方。張恨水的身體在慢慢恢復，他又恢復了寫作，陸續發表了十幾部中、長篇小說。

西元一九六六年，「文革」爆發，胡同裡有很多人家被抄家，紅衛兵也曾闖進過這個院子。張恨水從書櫃裡拿出文史館的聘書，很認真地告訴紅衛兵，是周總理讓他到文史館去的，紅衛兵居然信了他的話，退了出去。

然而他的書實在太多，難免有屬於「四舊」的東西，為了免得招災惹禍，本想挑些破書燒了，也算作個樣子。但是挑來揀去，哪一本也捨不得。孩子想藏在床底下，張恨水說怕潮；塞進米缸裡，他又怕髒。搞得筋疲力盡，也沒找到一個合適的地方。最後，終於決定，還是放回書櫃裡，在玻璃櫃門上糊上白紙，就算是藏好了。所幸後來並沒有人來抄家。

西元一九六七年二月十五日，農曆正月初七，早晨，張恨水正準備下床時，突然仰身倒下，告別了這個他曾無數次描繪過的冷暖人間，走完了自己的人生。

詩仙李白的本業

名滿天下的大詩人李白究竟以什麼為生？千百年來一直是個謎。

其實在生活中，他並不靠賣詩稿為生，也非富家子弟。從他的詩中可推測出，他是個「礦師」，且自運自販礦石和精礦，所以也是位商人。

李白很喜歡自己的本職工作，他做礦師這行前後至少十年。

「我愛銅官樂，千年未擬還，應須回舞袖，拂盡五松山。」

「雞鳴發黃山，暝投蝦湖宿。」

「提攜採鉛客，結荷水邊沐。半夜四天開，星河爛人目。明晨大樓去，岡隴多屈伏。當與持斧翁，前溪伐雲木。」

又云：「採鉛清溪濱，時登大樓山……」

李白筆下的這些詩句，可謂句句不離本行。

詩中的地名，都在現今安徽省銅陵市和池州市貴池區一帶。唐代甚至更早這裡就是銅鉛產地，礦石會從這裡裝船運往揚州的市場。當時的揚州，地位相當於今日上海，「舟檣櫛比，車轂鱗集」，手工業很發達，所產銅鏡久負盛名，首飾玉雕製作精湛，船業也很興旺。礦石的熔鑄和製品都在揚州完成。儘管唐開元十七年曾禁止私賣銅、鉛、錫及以銅為器，但又規定採銅、鉛、錫者，官家收買之。

礦石有幸，能由這位世界級的大詩人親自押運，李白多次隨舟同行押送礦石，人在旅途，頗多詩興。白天觀山景水色，夜賞月飲酒賦詩。許多傳世之作就這樣在工作的過程中吟出，為盛唐氣象增添了無窮的魅力。

為了深入瞭解李白的經濟生活，筆者廣泛查閱了有關他的資料以及他所寫的詩文，得出的結論是：李白是個好老闆，常常與勞工們打成一片，同吃同住同工作。他詩中多處提到五松山，這是冶礦工地，位於「南陵銅坑西五六里」。李白在炎熱夏季，親至「銅井炎爐」與工人一起勞作。

有人沒讀懂李白一手抓採礦、一手忙寫詩的「兩手抓」與「兩手硬」，以為他熱心求仙學道，說這是他消極的一面。依據是：他採鉛、丹之藥。這是附會，為煉丹用不了多少鉛，不必自採，更不用船運。退一步說，即便如此，李白詩中何必寫「採鉛」，寫成「採藥」豈不更雅嗎？可見，「採鉛清溪濱」和「提攜採鉛客」正是他的本行。

乾隆寫豬與徐悲鴻畫豬

中國書畫家和教育藝術家劉海粟在回憶梁啟超的一篇文章裡曾記了這麼一件趣事：西元一九二五年，劉海粟在北京，參加過新月社的一次聚餐會。當時與會者有梁啟超、胡適、徐志摩、聞一多、姚茫父、王夢白等人。酒席上觥籌交錯，胡適忽然說道：「中國古詩很多，詩人都吃肉，就是沒有人寫過豬。這個畜生沒有入過詩。」

梁啟超聽了，不以為然，隨口舉出乾隆的「夕陽芳草見遊豬」來反駁。眾人都很佩服梁先生的博學。當下，大家就請畫家王夢白以此句為題，請豬入畫。最後梁啟超還把乾隆的這句詩題了上去。

乾隆皇帝一生寫了四萬三千首詩，比史上高產詩人之亞軍陸游的詩歌總量高出許多來（陸游活了八十五歲寫詩近萬首），所以說，乾隆皇帝是當之無愧的寫詩高產冠軍。《全唐詩》裡所有詩人的詩加起來，也沒有乾隆皇帝一個人寫的多。

乾隆皇帝寫詩，其涉獵的題材之廣，令人咋舌。連同很少入詩的豬，也被他寫進自己的詩裡：「夕陽芳草見遊豬」。乾隆的詩都很差勁，他的破詩也難為梁啟超能記起，梁啟超學問之大，可見一斑。

其實，在歷史上，以「豬」字入詩，並非像胡適說的那樣「中國古詩很多，詩人都吃肉，就是沒有人寫過豬。這個畜生沒有入過詩」。

與〈孔雀東南飛〉一道被合稱為「樂府雙璧」的〈木蘭辭〉裡，就有「豬」字：「爺娘聞女來，出郭相扶將。阿姊聞妹來，當戶理紅妝。小弟聞姊來，磨刀霍霍向豬羊。」

南北朝時期著名文士沈炯寫過一首有趣的十二生肖詩，詩中也有「豬」：「鼠跡生塵案，牛羊暮下來。虎嘯坐空谷，兔月向窗開，龍隂遠青翠，蛇柳近徘徊。馬蘭方遠摘，羊負始春栽。猴栗羞芳果，雞砧引清懷。狗其懷屋外，豬蠡窗悠哉。」

南宋理學大師朱熹與民國學者黃浚也都曾寫過十二生肖詩，兩詩中也都有「豬」。

史上詩中寫豬的詩人不多，畫家畫豬者亦很少。縱覽畫史，牛、馬、雞、狗、虎等，皆有名畫流行於世，唯豬畫沒有大作傳今朝。鮮為人知的是，以畫馬者名世的中國國畫大師徐悲鴻曾先後四次畫豬。

西元一九三四年年末，有「中國現代攝影第一畫刊」之稱的上海《中國時報圖畫週刊》約徐悲鴻為即將到來的豬年畫一幅豬，徐悲鴻答應了。幾天後，他用大筆噴墨、細筆勾畫，又在豬的頭部後面用大筆噴墨，隨筆塗擦，畫成了一隻從對面走來的黑豬。徐悲鴻收筆之時，面對這幅畫，略一沉思後，又提筆在畫上寫了「悲鴻畫豬，未免奇談」八個大字。隨即署款「乙亥歲始，悲鴻寫」，並鈐了一個圓形的「徐」字印章，這是徐悲鴻的第一幅豬畫。

不久，徐悲鴻又第二次畫豬。這幅畫的構圖和筆墨大體相似於第一幅，其不同之處就是在第二幅墨豬畫的右上配了首詩：「少小也曾錐刺股，不徒白手走江湖。神靈無術張惶甚，沐浴熏香畫墨豬。」

數年後，徐悲鴻在重慶又畫了第三張墨豬畫。這幅畫是一張噴墨雲山的立幅，在靠底邊近景的濃蔭路上，有兩個苦力用滑竿抬著一隻大肥豬。豬為黑白花豬，四腳朝天，穩睡在滑竿上。畫的上邊，徐悲鴻題了兩句嘲諷的話：「兩支人扛一位豬，豬來自雲深處。」署款是「卅二年春正月悲鴻築遊歸寫」。

令人遺憾的是，徐悲鴻所作的第一幅墨豬已散失了。不過還好，其第二幅豬和第三幅豬現均保存在北京「徐悲鴻紀念館」裡，並刊印在《徐悲鴻彩墨畫》集子之中。

此外，徐悲鴻還畫過一次豬，並留世其墨寶。西元二〇〇九年二月，一幅由徐悲鴻主創，另兩名國畫大師汪亞塵、謝公展配圖題字的肥豬圖，經過七十多年的坎坷曲折，於已故文物鑒賞及收藏家朱念慈大師在江蘇省南通市如東縣的兒子家中現身，並通過了國家權威文物檢測鑒定機構的認證。

徐悲鴻的這幅肥豬圖是用高麗宣紙畫成，長105公分、寬55公分。畫面的下方，一頭搖著尾巴、威風凜凜的水墨雄豬，黝黑而壯碩。這頭肥豬的身後，優雅地點綴著牽牛花籬笆牆圖案，綠葉紅花纏繞著籬笆牆。畫的左上角題字：「悲鴻酒後成一豬，亞塵牽牛美人如，公展得之大歡呼。」下面還有署名為「謝公展」的陰刻陽刻兩印章。

徐悲鴻、汪亞塵、謝公展均為現代赫赫有名的國畫大師，三人均為同時代的畫家，一起聯手作畫更是難得。根據題字內容，我們可看出，這頭壯碩的大肥豬是徐悲鴻先生酒後所作，牽牛花籬笆牆則是汪亞塵大師的手筆，作為陪襯，謝公展高興之際，便題字在上。此畫距今已有七十多年歷史。創作時間應該是在謝公展的生日聚會上，三人酒後揮毫繪就的，徐悲鴻畫豬祝賀，汪亞塵塗畫牽牛花籬笆牆。由於赴宴，兩人均未帶印章，便無法落款印鑒。

乾隆以詩寫豬，純屬一個不入流詩人的牢騷之舉，而徐悲鴻畫豬，卻是匠心獨具，或寫意，或戲謔，或諷刺，有其一定的藝術價值。同為文藝作品，兩者相差不可以道理計，可謂天壤之別。

末代皇帝曾發表的三首山寨詩

辛亥革命後被廢黜的末代皇帝愛新覺羅・溥儀，少年時在紫禁城這一方小天地裡深居簡出，生活很是單調。為了擺脫孤獨、苦悶的宮廷生活，他曾醉心痴迷於文學創作。但由於帝師徐坊、陳寶琛等人對溥儀的文學寫作漠不關心，一切聽其自然，所以溥儀的詩文一直沒有多大的進步，始終是個文學創作上的「菜鳥」。

十三四歲以後，溥儀閱讀了大量古代非主流的文學作品，增長了不少見識，他開始模仿這些作品，按照自己的想像，編造了一些傳奇故事，並自己繪製插圖，自娛自樂。

十五歲那年，溥儀從先祖康熙、乾隆的詩文集中，深深受到感染與啟迪，開始在詩賦上下功夫。隨著時間的推移，溥儀的詩作越寫越多，漸漸對向外界投稿產生了濃烈興趣。他曾模仿、套用唐代著名詩人劉禹錫的〈陋室銘〉，寫成一篇題為〈三希堂偶銘〉：

「屋不在大，有書則名，國不在霸，有人則能。此是小室，惟吾祖馨。琉球影閃耀，日光入紗明。寫讀有欣意，往來俱忠貞。可以看鏡子、閱三帝，無心慌之亂耳，無倦怠之壞形。直隸長辛店，西蜀成都亭。余笑曰：『何太平之有？』」

經溥儀投稿，這篇銘文發表在了上海《逸經》雜誌上。此文的發表對少年溥儀投稿的熱情是一個很大的鼓勵。在之後的兩年多時間裡，溥儀寫了不少詩作，曾用化名狂熱地向報刊投稿，但此後再無投中的現象。稿件寄出去後，皆如泥牛入海，影蹤全無。

西元一九二二年初夏，溥儀想出一條捉弄編輯的「妙計」，把一篇共八行、四十字的五言詩題名為〈鸚鵡〉的「新作」用「鄧炯麟」的筆名，投寄上海一家小報《遊戲日報》，果然馬到成功，皇帝的「詩作」終於「破天荒」地見報了。接著他先後又寄出一篇分上下闋、每闋四行的七言詩〈浮月〉和一篇共八行的七言詩〈荷月〉，這兩首「七言詩」，又很快地被該報採用了。據說《遊戲日報》編輯部曾多次設法打聽這位署名為「鄧炯麟」的詩人是何許人也，但

始終一無所獲。

英國牛津大學文學碩士、曾給溥儀當了五年英文教師的莊士敦特意把溥儀在《遊戲日報》上發表的〈鸚鵡〉、〈浮月〉、〈荷月〉三首古體詩譯成英文，收入他的代表作《紫禁城的黃昏》一書中。並在該書中指出：「這位化名鄧炯麟的詩人作者，不是別人，而是清朝的皇帝，現在我將真相披露出來，可能中外人士都會為之驚訝的。」他還說：「皇帝在報刊上發表他的詩作的時候，年僅十六歲，這往往是一個作詩才華開始含苞欲放的年齡。」以此來炫耀他的這位皇帝學生具有所謂「非凡的詩人氣質」。

莊士敦的《紫禁城的黃昏》行文老辣，頗有文采。該書也是毛澤東喜歡的書籍之一，據毛澤東的英文教師章含之回憶，當年他們練習英文文法時，所列的參考書中即有莊士敦這本書。

《紫禁城的黃昏》初版於西元一九三四年的倫敦，立刻引起轟動，一時洛陽紙貴。其扉頁題字：「謹以此書獻給溥儀皇帝陛下。」落款：「他的忠誠與依戀的臣僕及教師莊士敦。」溥儀也曾為莊士敦的《紫禁城的黃昏》作序，其中寫道：「莊士敦雄文高行，為中國儒者所不及，此書既出，預知其為當世所重必矣。」師徒二人，一唱一和，自鳴得意。

最後，祕密終於被揭開了。後來做了平民百姓的溥儀在他寫的《我的前半生》一書中透露，他當年給《遊戲日報》投稿的那三首古體詩，原來是抄襲明代一位詩人的作品。他的三首「山寨」詩，不僅矇騙了《遊戲日報》的編輯，連他的英文教師莊士敦也始終被蒙在鼓裡。

曾出過五十九位宰相和五十九位大將軍的超強家族

山西省聞喜縣禮元鎮裴柏村有中國「宰相村」之稱，這個村子的裴氏家族堪稱史上第一望族。裴氏家族自秦漢，歷魏晉，至隋唐而極盛，五代以後，餘芳猶存。其家族人物之盛、德業文章之隆，在中外歷史上極為罕見。

據清代編修的《裴氏世譜》統計，裴氏家族在歷史上曾先後出過宰相五十九人，大將軍五十九人，中書侍郎十四人，尚書五十五人，侍郎四十四人，常侍十一人，御史十人，節度使、觀察使、防禦使二十五人，刺史二百一十一人，太守七十七人；封爵者公八十九人，侯三十三人，伯十一人，子十八人，男十三人；與皇室聯姻者皇后三人，太子妃四人，王妃二人，駙馬二十一人，公主二十人等。

世代裴氏家族中，僅正史立傳與載列者，就有六百多人。名垂後世者，不下千餘人，僅七品以上官員，就多達三千多人。

裴氏家族人才輩出，燦若群星不勝枚舉。不僅有政治家、軍事家、外交家，而且有哲學家、史學家、法學家、地圖學家、詩人等。且看——

西晉政治家裴秀一生的主要活動是在政治方面，卻以中國歷史上最傑出的地圖學家名世。他所創的「製圖六體」，奠定了中國古代製圖學的理論基礎，使古老的製圖學具備了數學的科學依據。這一理論在他之後一直運用了一千四百多年，直到明朝末年。他所著《禹貢地域圖》十八篇，是中國第一部關於地圖學說的專著。英國科技史學家李約瑟稱他為「中國製圖學之父」，與歐洲學者托勒密並稱為古代地圖史上東西相輝映的兩顆燦爛明星。

裴秀之子裴頠著《崇有論》，獨樹一幟地提出「無不能生有」，「有」是萬物存在變化之基礎等樸素的唯物主義觀點，從而使他成為西晉時期與玄學分庭抗禮的唯物主義哲學思想家。

南朝史學家裴松之注《三國志》，三倍於原著，並開創了史注的新體例，宋文帝覽後讚曰：「此為不朽矣！」其子裴駰補注《史記》，著《史記集解》八十卷，是《史記》問世後第一部大型綜合性的注本，與唐代司馬貞的《史記索隱》、張守節的《史記正義》，合稱為《史記三家注》。裴松之曾孫裴子野撰《宋略》二十卷，《宋書》的作者沈約見而嘆曰：「吾弗逮也！」唐代劉知幾說：「世之言宋史者，以裴《略》為上，沈《書》次之。」裴松之、裴駰、裴子野，被稱為「史學三裴」。

名臣裴矩是供職於周、隋、唐的三朝元老，為政廉謹，頗負清名。他先後任民部侍郎、內史侍郎、尚書左丞、史部尚書等職。隋煬帝時，裴矩受命赴甘州等地（今甘肅省）主管與西域各國開展貿易之事。在與各國商人的接觸中，他獲得了有關西域各國的政治、經濟、文化、交通等大量寶貴資料，編撰成《西域圖記》三卷。書中不但以大量的文字介紹了西域各國的國情，還繪製了許多地圖，標出了從敦煌到達地中海的三條大道，其中中道和南道，即為歷史上有名的「絲綢之路」。《西域圖記》對研究中國隋唐時期西北社會狀況有重要價值。

隋代名臣裴政，是著名的法律學家。據《隋書》記載，裴政在斷獄時，「用法寬平，無有冤濫」，深得民心。又因敢於直言進諫，多所匡正，享譽朝堂內外。隋文帝繼位後，裴政等人受命制定隋朝新律《開皇律》。裴政博採魏、晉、齊、梁等南北朝時各家刑典，取其可用之處，廢除了前世的梟首、鞭笞等酷刑，把刑訊時慣用的大棒、毒杖、車輻壓踝等酷刑全部革除，並規定民有冤屈，縣不受理時，可依次上訴郡、州、省，仍不理者，可直接向刑部申訴。《開皇律》無論從內容到形式，比歷代任何律令都顯得格外開明，是一部劃時代的古代刑典，為後世立法奠定了規範格式。《唐律》、《宋刑統》皆出其源。明代大思想家王夫之高度評價道：「今之律，其大略皆隋裴政之所也」，足見其影響深遠。

隋煬帝十分信任的政治家裴蘊治國有方，推行「貌閱法」，檢括戶口，控制人口，增加財稅，使隋朝「資儲遍於天下」，為前代所罕見。

隋朝文林郎裴世清是中國歷史上第一個代表國家，率領訪日友好使團出訪日本的外交大臣，開中日邦交之先河。隋大業三年（西元六〇七年），日本國派遣使者訪隋，次年三月到達長安。隔年裴世清受隋煬帝詔命，率隋朝使團一行十三人回訪日本，並晉見了日本天皇，獻上文物及國書。他攜帶的這份國書在日本的《日本書記》太籍中被保存下來，成為永久的歷史見證。

唐開國元勛裴寂，在隋末群雄並起、天下大亂之際，鼎助李淵起兵，建立唐朝。高祖李淵曾對裴寂說：「使吾至此者，公之力也。」他對裴寂言無不從，

稱其為「裴監」而不呼名，貴震當世。

裴行儉以「不戰而屈人之兵」數次平定突厥，是唐初著名的軍事家。同時，他還是一位書法家，工於草隸，他曾說：「褚遂良非精筆佳墨未嘗輒書，不擇筆墨而研捷者，余與虞世南耳。」

裴垍慧眼識人，先後薦舉過李絳、崔群、韋貫之、裴度、李夷簡，這些人後來都相繼成為宰相，聲名卓著。史曰：「裴公鑒裁，朝無屈人。」

唐宰相裴耀卿致力於整頓漕運，保證了南糧北調的水道暢通，解決了唐王朝沿續了幾十年的關口糧荒問題，開元年間傳為佳話。

一代賢相裴度，更是世代傳頌，名垂青史。在唐代政治家中，裴度的名字完全可以與唐初的名相魏徵等人相提並論。其一生的最大功績就是竭盡畢生精力去一次次地削平藩鎮割據勢力，特別是在平定淮西藩鎮吳元濟叛亂中，立場堅定，力挽狂瀾，功績卓著，使唐朝又一度取得了統一，出現了「元和中興」的政治局面。淮西之亂平定之後，唐憲宗封裴度為上國柱並晉國公。後來由於奸臣構陷，裴度三起三落，幾度入相，幾度出藩。裴度歷任憲宗、穆宗、敬宗、文宗四朝宰相，身繫國家安危二十餘年，史稱「中興賢相」。白居易稱讚他「人間一品高」、「勛業過蕭曹」；文宗也賜詩曰：「注想待元老，識君恨不早。我家柱石衰，憂來學丘禱。」

唐代小說家裴啟作《語林》、裴鉶撰《傳奇》，分別是中國最早出現的志人小說和將小說定名為文體的作品。《語林》還被稱為「裴氏學」。

歷仕東魏、北齊兩朝，官至中書舍人的裴讓之，是名滿天下的大詩人，時稱「能賦詩，裴讓之」。

裴旻善劍舞，唐文宗曾下詔以李白的詩歌、裴旻的劍舞、張旭的草書為「三絕」。

流傳千古的戲劇《遊西湖》、《李惠娘》、《裴恆遇仙記》、《白蛇傳》等，演的都是與裴家有關的事。《白蛇傳》裡的法海（俗名裴文德），是唐初政治家、書法家裴休的兒子。歷史上的法海，本來是正面人物，是明清小說將其醜化為反面人物的。

裴氏家族故里的裴氏宗祠始建於唐貞觀三年（西元六二九年），其規模宏大、氣勢磅礡，歷代不斷重修，但現僅存前殿、後殿、狀元坊等建築遺跡。裴氏碑廊，幾乎是中華書法石刻的百科全書，原有古碑數十座，在史學和書法藝術上都有很高的價值，著名的有「裴鴻碑」（鐫刻於北周武帝天和三年即西元五六八年）、「裴鏡民碑」（唐初史學家李白藥撰文、書法家殷令名書寫）、「裴光庭神道碑」（張九齡撰文、唐玄宗書寫）和「平淮西碑」（唐文學家韓愈撰文、清軍機大臣祁雋藻書寫）。這些珍貴的石碑在流傳了千百年後遭遇劫難，僅存「平淮西碑」實在令人扼腕。

裴氏的家族譜牒，從裴松之所著《裴氏家記》開始，歷代均有人撰修。清嘉慶版《裴氏世譜》是迄今為止最完整最系統的一部。這部世譜是由裴氏六十二世裔孫裴率度與其子裴宗賜、其孫裴正文祖孫三代，父死子繼，子死孫承，嘔心瀝血，鍥而不捨，歷經將近一個世紀方成書問世的。所幸的是，東眷裴氏第七十六代孫、當時的族長裴富仁在文革浩劫中，冒著生命危險，把全部六卷《裴氏世譜》用油紙包起，偷偷地藏於村中大槐樹的樹洞中，才使之倖免於難，完整地保存下來。正是這些寶貴的文字資料，使我們得以瞭解裴氏家族無比輝煌的歷史。

長達百年的澳洲人兔大戰

看似可愛的兔子，卻曾上演過人類歷史上損失最為慘重的生物入侵事件——遼闊的澳洲大陸上，發生過前後持續了近百年的「人兔之戰」。

兔子對於澳洲大陸來說，絕非土產，而是外來種。西元一七八八年一月二十七日，由亞瑟·菲利普船長率領的英國皇家海軍第一艦隊在雪梨登陸，作為澳洲兔子祖先的歐洲兔子，從英國同船到達了這裡。由於這些兔子主要是供剛剛來到澳洲的歐洲定居者食用，因此多為圈養，流落到外面的野生種群極為罕見。

惡夢是從十九世紀中葉開始的。西元一八五九年，一位名叫托馬斯·奧斯丁的英國農場主來到了澳洲。在他攜帶的大批行李物品中，有二十四隻歐洲兔子、五隻野兔和七十二隻鷓鴣。做為一名標準的英國紳士，奧斯丁對打獵有著特殊的興趣，於是他把這些兔子放養到他位於吉朗附近的領地上。這樣到了第二年，他就可以在閒置時間和其他農場主一起享受騎馬獵兔子的樂趣了。但誰也沒有想到，從此，澳洲的災難也開始了。

一物降一物，生態才能平衡。由於澳洲沒有鷹、狐狸和狼這些天敵，來到這裡的歐洲兔子發現自己簡直來到了天堂：這裡氣候宜人，遍地是可口的青草，四周又看不到敵人的蹤影，而且這裡土壤疏鬆，鑽洞做窩也非常方便。牠們在這裡，過上了快樂的生活。

更為可怕的是擴張。這些無拘無束的兔子，從農場主湯瑪斯．奧斯丁的領地出發，星火燎原般地開始向北向西擴展。西元一八六六年，在南澳的卡普達，又有人往野外放養了一批兔子，從而使得兔子的擴展速度大大加快。此後，這些兔子的後代以平均一年一百三十公里的速度，向四面八方擴散。

到西元一八九六年時，兔子們的勢力範圍已經向北擴展到了昆士蘭，向南遍及南澳，並橫越澳洲大陸，來到了西澳。到西元一九〇七年，兔子已擴散到澳洲的東西兩岸，遍布整塊大陸。整個兔子種群的數量也呈幾何級數遞增。

西元一八九〇年，僅新南威爾斯州的兔子數量據估計就有三千六百萬隻。到西元一九二六年，全澳洲的兔子數量已經增長到了創紀錄的一百億隻，這個數字令人觸目驚心。

損失無可估量

在風吹草低見牛羊的澳洲美麗大草原上，兔子們貪婪地啃吃著各類青草，十隻兔子就能吃掉相當於一隻羊所吃的牧草。同時，牠們還會肆無忌憚地啃食各種灌木和樹皮。在乾旱的季節，牠們甚至爬到樹枝上吃較嫩的樹葉，鑽洞啃吃樹根，使成片的灌木叢和樹林變得一片枯萎。

據估計，在澳洲較為乾旱的地區，每公頃土地上只要有四隻兔子，就能使這片土地上的各種植物失去再生能力。由此造成的一個最直接的後果是，澳洲大陸大部分地區的水土保持能力急劇下降，水土流失和土壤退化現象日益嚴重，生態環境被嚴重破壞。

物種的滅絕更是令人痛心。當地土生土長的小袋鼠、袋狸等，被兔子逼得走投無路。強大的兔子們做為不可阻擋的侵略者，不但占據了這些土生動物的洞穴，還將牠們的食物一搶而光，使得那些性情較溫和的有袋類動物只好忍饑挨餓。

就這樣過了幾十年後，澳洲一種最古老、最小巧的袋鼠——鼠袋鼠最終竟落得了滅絕的下場。據統計，主要由於兔子的原因，澳洲滅絕或近乎滅絕的原生動物就有幾十種之多。

澳洲的農業和畜牧業也無可避免地蒙受了巨大損失。從牧草的消耗量來看，一百億隻兔子所吃的牧草就相當於十億隻羊的放養量。這對於被稱為「騎在羊背上的國家」的澳洲來說，所蒙受的經濟損失實在難以估算。另外，由於兔子天生善於鑽洞，牠們在土質疏鬆的牧場和農場下挖的洞穴深達1.5公尺，不但牛羊常會陷入洞中，更嚴重的是，農田下大量的洞穴會使得農業機械無法進行作業。甚至早在西元一八八一年，澳洲的一些農場就因此而被迫放棄，農場主們為之黯然神傷。

圍剿與反圍剿

為了抑制兔子的擴散和繁殖，澳洲人可謂用盡了辦法，手段無所不用其極，堪稱世界奇聞。從最傳統的獵殺、布網、堵洞，到較為「先進」的釋放毒氣和在紅蘿蔔裡下毒等等，澳洲人全都試過。為了消滅兔子，澳洲人甚至利用起了另外一種外來生物、兔子的天敵——狐狸。在開始階段，這種方法還是起到了一定作用，但澳洲人很快就發現，狐狸可能更喜歡吃行動相對較為遲緩的本土有袋類動物。為了不使這些珍貴的物種滅絕，澳洲人不得不回過頭來去消滅狐狸。

重金懸賞，以求高手。西元一八八七年，對兔子肆虐很無奈的新南威爾斯州政府懸賞兩萬五千英鎊，無論是誰，只要能提出一種可以有效殺滅兔子的方法，就可以獲得這筆數額不菲的獎金。在這筆獎金的競爭者中，就包括大名鼎鼎的法國生物學家巴斯德。他從巴黎的巴斯德研究所派遣了三位工作人員，遠渡重洋來到澳洲，試圖利用雞霍亂來殺滅兔子。遺憾的是，這種方法的效果也不理想。

絕望中的澳洲人想到了一個原始的阻擊方法：修建一條貫穿澳洲大陸的籬笆，直接擋住兔子的去路，以免牠們繼續向西部最肥沃的農業區擴散。西元一九〇一年十二月，經澳洲政府批准，人類歷史上最為宏大的籬笆修築工程開工了。

經過數年的艱苦工作，世界上最長的一條籬笆竣工了，它從澳洲的斯塔威辛港出發，向北一直延伸到沃勒爾當斯。遺憾的是，甚至在這條籬笆工程完工之前，人們就發現已經有兔子越過了籬笆。澳洲人一不做二不休，又相繼開工了第二條和第三條籬笆工程。西元一九〇七年，三條籬笆工程全部完成，加在一起的總長度超過三千公里。澳洲人在無奈之中竟然創造了一個新的世界奇蹟。

這一招最後也失敗了。籬笆工程是完工了，但在洪水、強風甚至袋鼠等綜合因素的作用下，沒過多久，籬笆牆上就傷痕累累，再加上兔子天生具有的鑽洞本領，兔子們很快就在整個澳大洲暢行無阻、來去從容了。

不得已的澳洲政府還曾動用空軍播撒毒藥，進行立體戰和化學戰，想對兔子來個斬盡殺絕。這一招開始確實有效，兔子們死傷累累。但是，由於兔子們的繁殖能力驚人，在撒藥過後不久，兔子群依然興旺。而撒下的毒藥，卻對草原的生態產生了不良的影響，澳洲政府只好放棄這種方法，兔子們又一次地取得了「反圍剿」鬥爭的勝利，旌旗獵獵唱大風。

最致命的武器

到了二十世紀五〇年代，澳洲政府最終決定採用生物控制的辦法來消滅兔災。生物學家從美洲引進了一種依靠蚊子傳播的病毒——黏液瘤病毒，這種病毒的天然宿主是美洲兔，能在美洲兔體內產生並不致命的黏液瘤，但這種疾病對於歐洲兔子來說卻是致命的。另外，由於這種病毒具有選擇性，對於人、畜以及澳洲的其他野生動物完全無害，無疑是消滅澳洲兔子的最理想武器。

西元一九五〇年春天，澳洲的科學家在墨累達令河盆地將這種病毒釋放到了蚊子身上，然後經蚊子再傳染給兔子。黏液瘤病毒一經引進，很快便在整個兔群中傳播開來，兔子的死亡率達到了99.9%。到西元一九五二年，整個澳洲有80%到95%的兔子被消滅。困擾澳洲人近百年的兔災終於被黏液瘤病毒這個致命的武器控制住了。這時，可能最讓澳洲政府感到遺憾的，就是沒有盡早採用這種方法。因為早在西元一九一八年，一位名叫阿拉岡的巴西科學家就曾向澳洲政府提出過這樣的建議，只是由於種種原因，這一建議在當時並沒有被採納。

然而，隨著免疫能力的逐漸增強，澳洲兔子在感染黏液瘤病毒後，死亡率越來越低，到目前已下降到40%左右。與此同時，兔子的數目也逐年回升，到西元一九九〇年時已恢復到六億隻左右。為了防止災難重演，澳洲的科學家們一直在不停地試驗各種不同的生物控制方法，引入多種病毒，以達到抑止兔子大量繁殖的目的。目前應用前景最為廣闊的是一種最早在中國發現的兔病毒性出血症（由杯狀病毒造成兔子急性感染之疾病），應用效果良好。

新世紀到來後，這個問題引起了全球關注。在西元二〇〇二年五月二十二日的聯合國環境日大會上，「生物多樣性與外來入侵物種管理」被確定為新世紀第一個「國際生物多樣性日」的主題。這表明國際社會開始廣泛關注外來入侵物種及其對生物物種多樣性的影響。希望在全人類的共同努力下，像「澳洲兔災」那樣的悲劇再也不會重演，使人與自然和諧共融。

古代生子最多者竟有兒子一百二十人

中國古代長期處於封建時代，多妻妾多子女者不足為奇。後宮佳麗無數的康熙皇帝，一生生育了五十五個子女，其中兒子三十五個，女兒二十個（存活下來的兒子有二十四個，女兒有十二個），其子女之多，為歷代皇帝之最。但有一個人的生育能力遠在康熙之上，康熙與之相比，只能是小巫見大巫了。這個人，就是西漢時代的中山靖王劉勝。從正史記載來考證，劉勝是古代當之無愧的生育冠軍。

劉勝，漢景帝劉啟的第九個兒子，生於西元前一六五年。景帝三年（西元前一五四年）改中山郡為中山國，十二歲的劉勝被冊封為中山王。中山國的疆域東與涿郡為鄰，西接常山郡，南連巨鹿郡，北至代郡，大致在今河北省中西部的易水以南、滹沱河以北地區。轄區含北平縣（今河北省保定市滿城區北）、唐縣（今河北省保定市唐縣東北）、深澤（今河北省石家莊市深澤縣）、苦陘

（今河北省定州市邢邑鎮東北）、安國（今河北省保定市安國市東南）、曲逆（今河北省保定市順平縣東南）等十四縣，以盧奴為都城。境內地貌有平原、有丘陵，源自太行山的漕河、唐河、大沙河、磁河流經沃野，是農耕富庶之地。西元二年的統計史料顯示，中山國有居民十六萬八百七十三戶，人口六十六萬八千零八十。在當時漢初封國中，所領縣數居第三位，人口數居第二位。

劉勝才思敏捷，有較高的文學修養，善於引經據典、抒其所思，見景生情，表其所想；以聲情並茂之狀，博得對方理解、贊同，支持他的主張，達成他的政治目的。

劉勝被封為中山王時，漢武帝剛即位，朝中的大臣們都因為七國之亂的教訓，恐諸侯王坐大，再發生殷鑒不遠的大內亂，於是便對諸侯王進行百般挑剔，橫挑鼻子豎挑眼，動不動就上告諸侯王的過失。

建元三年（西元前一三八年），劉勝和代王劉登、長沙王劉發、濟川王劉明一起到長安朝見弟弟漢武帝。漢武帝設宴款待他們，劉勝聽見奏樂就哭了出來。漢武帝問他緣故，他藉機向弟弟控訴被國相吹毛求疵，動不動就要進讒言。文辭雄壯，條理分明。漢武帝於是要求有司不得再欺凌諸侯王。一時之間，劉勝被譽為「漢之英籓」。

從西元前一五五年到西元前一四五年，漢景帝將十四個兒子先後封為諸侯王，除劉徹繼位外，其餘十三個兒子均有封國，史稱「景十三王」。他們都是劉勝的同父同母或同父異母兄弟。《漢書・卷五十三・景十三王傳第二十三》這樣記載：「勝為人樂酒好內，有子百二十餘人。常與趙王彭祖相非曰：『兄為王，專代吏治事。王者當日聽音樂，御聲色。』趙王亦曰：『中山王但奢淫，不佐天子拊循百姓，何以稱為藩臣！』」《史記》也記載，劉勝有「子枝百二十餘人」。

由此可見劉勝很懂得政治上的韜光養晦，不去玩角逐權力的危險遊戲，「不佐天子拊循百姓」，而是「樂酒好內」，把精力全部轉移到了酒色上面，光兒子就生了一百二十多個。至於其女兒有多少，歷史上沒有記載，肯定其數量也少不到哪去。

與歷史上的大多數皇族子弟沉湎於荒淫行樂不同的是，整日美色環繞的劉勝並沒有酒色過度，舒舒服服地當了四十二年的中山王，到西元前一一三年才死去，終年五十二歲，在當時無疑是高壽了。劉勝死後葬於今河北省滿城縣陵山上，謚號為靖，史稱中山靖王。「靖」的意思是「寬樂令終」，以之讚劉勝的德行。

劉勝有二十個得寵的兒子分期分批被封為列侯。但不幸的是在漢武帝元鼎五年（西元前一一二年），有十一個兒子因為在進獻給宗廟用於祭祀祖先的貴金裡弄虛作假，被革除了爵位。

劉勝還是蜀漢皇帝劉備的第十三世先祖。我們十分熟悉劉備的那句開場白：「在下劉備，中山靖王劉勝之後。」（他自己反覆這麼說，見人就說，根本就沒人問他是誰的後代）劉備是最早進行概念行銷的人，他的這一招很管用，「中山靖王劉勝之後」的概念牌一經打出，一下子就把「織席販履」的他提升為當時的「皇叔」了。

劉勝的兒子有一百二十個，且距離劉備所處的東漢末年有幾百年了，劉備是不是真的劉勝之後，確實很難考證，即便是真的，那點皇族血統早已稀釋得無幾了。所以就有人質疑劉備怎麼不說自己是漢高祖劉邦的後代呢？劉邦的名頭豈不更大？大概就是因為劉勝的兒子多，容易渾水摸魚濫竽充數為其後代罷了。再者，說是劉邦的後代會讓人覺得他有做皇帝的想法，很容易引起誤解，帶來不必要的麻煩。

除了兒子多，且是自我行銷高手劉備的先祖外，劉勝在歷史上另一個出名的因素就是他與一個文物大發現有關：中國首次出土完整的「金鏤玉衣」，就是這位老先生當年留下來的。

安葬著劉勝的河北滿城漢墓，曾出土了這位昔日的中山靖王與其妻的兩套金縷玉衣。劉勝的玉衣共用玉片兩千四百九十八片，金絲重一千一百克；竇綰的玉衣共用玉片兩千一百六十片，金絲重七百克，其製作所費的人力和物力是十分驚人的，推算要由上百個工匠花兩年以上的時間完成。這兩件保存完整的金縷玉衣設計精巧，作工細緻，是曠世難得的藝術瑰寶。西元一九六八年，這件金縷玉衣出土時，轟動了世界。

西元一九六八年五月，因國防在陵山上施工，意外地發現了這座漢墓的通道，經周恩來批示後，中國科學院考古研究所及河北省文物工作隊發掘。著名考古學家郭沫若專程蒞臨考證，確定為西漢中山靖王劉勝的墓穴。爾後，於劉勝墓北側發掘出其妻竇綰之墓。劉勝墓在南，竇綰墓在北，屬夫婦並穴合葬，即所謂「同墳異藏」。

這兩套完整的金縷玉衣之出土，不僅對研究漢代諸侯王貴族的喪葬制度有著重要價值，而且為研究漢代的冶煉、鑄造、治玉、漆器、紡織等手工業和工藝美術發展情況提供了極其重要的資料。

慈禧「清亡，除非燈頭朝下」一語成讖

慈禧太后是晚清同治、光緒兩朝的最高決策者與實際統治者，她以垂簾聽政、訓政的名義統治中國長達四十七年。慈禧在中國面臨「數千年未有之巨變」的危殆時刻，沒能夠像俄國的彼得大帝和日本的明治天皇那樣審時度勢，放眼世界，富國強兵，推動歷史向前發展。相反，她將一己的權力看得比國家、民族的利益和未來的發展還重，抱殘守缺，固步自封，而使中國大大落後於世界。這是她的悲劇，更是中華民族的不幸之甚。

慈禧一生中曾說過不少遺臭萬年的話，如「量中華之物力結與國之歡心」等。但有一句話很有趣，不僅逆潮流而動，而且還成為了清朝滅亡的讖語。事情是這樣的：晚清的一天，慈禧太后因大臣辦事不力，在朝廷上大罵：「我大清朝國力昌盛、百姓富強。雖然現在刀槍入庫、馬放南山。但底子在，不是什麼人都隨便可以推翻的。」隨後，慈禧看著皇宮內的蠟燭高聲說道：「要大清

滅亡，除非燈頭朝下！」

文明的步伐，誰也無法阻擋。光緒八年（西元一八八二年），英國人立德爾招股成立上海電氣公司（亦稱上海電光公司），在大馬路31號（今南京東路190號）創辦了中國第一座發電廠。同時，在電廠的轉角圍牆內豎起第一盞弧光燈桿，並沿外灘到虹口招商局碼頭立桿架線，串接十五盞燈。同年六月十二日（西元一八八二年年六月二十六日）下午七時，電廠開始供電，夜幕下，弧光燈一齊發光，炫人眼目，吸引成百上千的人聚集圍觀。第二天，上海中外報紙都作了電燈發光的報導。

西元一八八六年（光緒十二年），西苑三海，大興土木，營建宮殿。在營建宮殿之時，儀鑾殿安上了電燈，這是清宮最早安裝的電燈。後來，故宮裡也安上了電燈。當時，慈禧還在世，推想她已經忘了自己曾經說過的話，否則，按其性格，她是絕不會允許安裝這種「燈頭朝下」的電燈的。

頤和園也安裝了電燈。孟心史的《明清史論著集刊》中有一篇〈記陶蘭泉談清孝欽時事二則〉的文章，陶蘭泉（名湘，是有名的藏書家）就是盛宣懷委派辦理頤和園裝電燈和蘆漢路北京事務局的大員。慈禧之所以同意在頤和園安裝電燈，是為了自己在頤和園裡能更酣暢地享樂，白天玩不夠，晚上再來玩，這時候電燈比起蠟燭之類的東西可就顯出非凡的優越性來了。

令慈禧始料未及的是，她竟一語成讖。「燈頭」真的「朝下」後，大清江山更顯頹勢江河日下，最終在武昌起義的槍聲中，無可奈何花落去。

千奇百怪的百變報紙

大千世界，無奇不有，報紙也不例外。在世界報業發展史上，曾出現過不少奇怪而有趣的報紙，用時下流行語來說，這些報紙都很雷人：

乞丐報

這是十九世紀末，法國政府專門辦給乞丐的一張報紙。主要刊登重大節日和集會消息。報上還經常向乞丐介紹乞討的辦法，以及慈善家的地址和接受謁見的時間等，以便登門請求實施。同時，還會特別報導各地的民風厚薄、人情善惡，以有助於乞討時心中有底。

桌布報紙

法國巴黎《椒鹽》報，採用無毒油墨印刷在防水紙上。這種報紙可鋪在酒家或餐廳的餐桌上作桌布，顧客一邊用餐一邊可以從桌布上看到當天的新聞。第二天再換新的，如此延續不斷。

字跡發光的報紙

在法國巴黎有一種報紙是用含磷的油墨印的，白天閱讀與一般報紙沒有不同，在夜間無燈的情況下則字跡發光，清晰可辨，閱讀無礙。

手帕報紙

有一份報紙以手帕為紙張，用特殊的油墨將重要新聞印在上面，名為《手帕週刊》。發刊詞中說：「手帕可以抹眼淚。可以在惜別時揮舞以示依依之情。故該人手一方。」讀者閱畢，洗去字跡，仍可作手帕使用。

綢子報紙

祕魯的《方向報》印在綢子上，這種報紙被稱為綢子報紙。當時由於沒有合適的紙張，只好將報紙印在綢子上。

蛋糕報紙

美國夏威夷一份名叫《檀香山廣告商報》的報紙，在慶祝該報建報一百二十五周年時，特地邀請讀者在報社吃一份大蛋糕。這個大蛋糕有四張桌球桌面積那麼大，高明的廚師用巧克力、奶油和糖，在蛋糕的表面描繪出《檀香山廣告商報》當天的專刊版面。新聞、評論、標題，無不清晰醒目，前來品嘗蛋糕報紙的人們，隨到隨吃，從當天早上吃到下午，三四百名饑腸轆轆的人居然連報紙的邊也沒有吃完。

能吃的報紙

西班牙曾出版過一種以芳香無毒的特殊油墨印刷在麵粉紙上的報紙。讀者看完報紙後，可把它捲起來當作點心吃掉。

報名最長的報紙

西元一七〇三年一月二日，俄國創刊了一份俄文報紙，名稱是《莫斯科王國和鄰國發生的值得知道和記載的軍事和其他事件的新聞報》。這個冗長的報名，把報紙的職能、任務和這個報紙的報導範圍都包括進去了。

一句話的報紙

比利時夏勒哇市的讀者有一天收到一期當地出版的《省報》後都覺得非常奇怪，整整十八頁的報紙竟都是空白的，只在第一頁印了一行大字：「不！埃爾桑先生！」原來這家報紙不久前已被法國的報業大王羅伯爾・埃爾桑吞併，該報的記者和印刷人員為了表示抗議，憤怒地出了一期空白報紙。

摩托車上出版的報紙

第一次世界大戰中，比利時首都布魯塞爾出版了一份《自由比利時報》，公開號召人們起來與德國占領軍鬥爭。德國人懷疑布魯塞爾幽靜的聖米歇爾修道院是這家報社的地址，他們以突然襲擊的方式，派出大批軍警進行搜查，毀牆倒壁，掘地三尺，但一無所獲。就在檢查後的第二天，街頭上又出現了厚達五十頁的《自由比利時報》，內容有報導比利時王室現狀和令人怵目驚心的伊瑟戰役慘象的照片等。這使得德國人大為惱火，他們懸賞捉拿這家報社的採編人員，但都無濟於事。《自由比利時報》的報館到底在什麼地方呢？這個祕密一直到第一次世界大戰後才揭曉——原來這家報館在一輛摩托車上，編輯印刷發行都沒有離開這輛摩托車。所以德國人費盡心機，始終也沒能找到這份報紙的出版地址。

樹葉報紙

西元一九三〇年，中國工農紅軍創辦的《戰鬥快報》是用樹葉製成的報紙。這一年的十二月下旬，在毛澤東和朱德的指揮下，紅軍一舉粉碎了中國國民黨的第一次「圍剿」，殲滅敵人九千餘人，活捉了前線總指揮張輝瓚。這一震驚中外的特大新聞傳來，當時做為紅軍宣傳員的郭小才想使這一消息迅速在部隊中傳播，但當時紅軍的物質條件十分艱苦，連幾張普通的紙都沒有。苦苦思索的郭小才忽然想起民間曾有「紅葉題詞」，便摘來了一大批又大又厚的油桐葉子，用毛筆在上面寫上這一特大新聞，傳發到各個部隊。這樣，中國工農紅軍用樹葉製成的《戰鬥快報》就問世了。從此，以樹葉為紙的宣傳工具在紅軍中廣泛流傳開來。遺憾的是，這種珍貴的報紙沒有留傳下來，「報紙」的創始人郭小才也在第五次反「圍剿」中戰亡了。

戰爭魔術師賈斯伯的傳奇歷史

賈斯伯．馬斯基林是一位知名魔術師，他在上世紀三〇年代的英國可謂家喻戶曉。他於西元一九〇二年誕生在魔術世家，其祖父約翰．馬斯基林被視為「現代魔術之父」，而在第一次世界大戰期間，他的父親奈維爾．馬斯基林則為英國效力，並為阿拉伯的英軍訓練了一批懂得魔術技巧的間諜。

賈斯伯九歲就開始為父親奈維爾充當表演助手。西元一九二六年他正式開始魔術表演生涯，很快地成為倫敦最受人讚賞的魔術師。二戰爆發後，賈斯伯毅然從軍，成為了英國皇家部隊中的一員。鍾愛變戲法的他深信，以自己所擅長的魔術技法，必定能在戰場上有所作為，為反法西斯主義做出貢獻。果然，他以神奇的魔術與高超的才能，三次在戰場上創造奇蹟。

一是成功「克隆[5]」亞歷山大港。

一開始，賈斯伯並未受到重用，因為軍方也不相信區區一個魔術師能為軍隊效力。直到西元一九四一年，北非戰爭爆發，才智過人的賈斯伯被調派到北非戰場，他大顯身手的機會來了。賈斯伯所在的部隊，在北非沙漠所遭遇的德軍對手，正是由赫赫有名的「沙漠之狐」隆美爾所統領的。當時的英軍無法順利補給軍需，明顯處於劣勢，在強敵連番炮轟之下幾乎失去北非戰場，情勢十分危急。

屋漏偏遭連夜雨。這年五月，英軍得到情報：德軍即將對英國海軍在地中海的重要基地埃及亞歷山大港進行大規模轟炸。得知這一訊息後，賈斯伯主動向英軍最高指揮官請纓——他可以利用魔術將亞歷山大港「克隆」來以假亂真，使其逃過遭轟炸之命運。他的大膽想法得到了指揮官們的一致認可。

很快，賈斯伯在離亞歷山大港的數公里外，找到了一個叫做馬約特灣的地方。當地荒無人煙，但與亞歷山大港地形外貌都極其相似。在那裡，賈斯伯命令手下安置了與港口和城市都完全相同的燈光，一到晚上他就讓燈光徹夜通明，與此同時，他讓亞歷山大港的居民整晚不能開燈。

就這樣，蒙在鼓裡的德軍誤將馬約特灣當成了亞歷山大港。執行任務的德

軍機群指揮官不知道應該相信無線電的指示，還是相信自己的眼睛。最終，他下令向那片荒島進行了連續八個晚上的狂轟濫炸，白白損失了炸彈火藥。亞歷山大港卻安然無恙，依然巍峨屹立。

二是用強光掩護蘇伊士運河。

蘇伊士運河在二戰時極為重要，可謂英軍的生命線。西元一九四一年九月上旬，德國的空軍試圖向蘇伊士運河投炸彈，切斷英軍依賴運河實施的作戰後勤保障。

當時已經在水下某些河段內鋪設了防魚雷網，但英軍還是希望有一個更好的辦法保證蘇伊士運河這條重要生命線的安全。經過反覆討論，英軍最後決定「將蘇伊士運河隱藏起來」。這項艱巨任務便落在了賈斯伯的頭上。

如何才能將南北長達一百七十五公里的蘇伊士運河藏起來呢？賈斯伯絞盡腦汁，最後他想到了自己經常在舞臺上利用突然噴霧和火焰來遮掩物體。賈斯

5 克隆：指利用生物技術複製與原件完全一樣的副本的過程。後多代指「複製」之意。

伯製造了二十四個巨大的排風扇，安裝在運河沿岸的探照燈上，而風扇的扇葉都是用玻璃鏡製成的。扇葉轉動時，每個探照燈便形成二十四條單獨的強光束。這種經過改造而成的光帶亮度極強，它可以向空中射出九英里，使機上的人員無法睜開眼睛，根本看不到地面目標，自然也就很難實施有效的轟炸行為。

於是英軍緊鑼密鼓地展開護衛工作，幾十個經過改裝的探照燈幾乎覆蓋了整個蘇伊士運河，一切準備就緒。

十月五日晚上，當德軍的飛機進入蘇伊士運河上空時，賈斯伯一聲令下，頓時，「特種探照燈」一齊打開。德軍飛行員被突如其來又猛烈旋轉的白光照射得無法睜開眼睛，而且這些亮度極強的光帶還緊緊地「纏」著德軍的飛機。德軍轟炸機試圖穿過這個眩目的屏障，但均以失敗告終，最後只好慌亂地而漫無目標地把炸彈投到連自己都不清楚的地方。

回到基地後的德軍飛行員苦惱地報告：「偌大的運河已經完全被英軍『隱藏』了」。氣得德國軍方負責人直跺腳。

三是「幽靈大軍」顯神威。

更令人擊節感嘆的是，在改變二戰北非戰爭格局的著名「阿拉曼戰役」期間，賈斯伯還利用神奇的魔術製造出了幾個師的「幽靈大軍」，並用木板與廢棄物變出了一支「潛艇艦隊」，龐大的陣容嚇退了氣勢高昂的德軍，盟軍成功地「不戰而屈人之兵」。

德國軍方自然恨死了賈斯伯，希特勒的蓋世太保[6]將賈斯伯的名字列入黑名單，一直想要取他的性命。

然而幸運的賈斯伯卻看到了德國法西斯的滅亡，他於西元一九七三年才告別人世。儘管他在二戰期間功勛卓著，但由於英軍一直將之奉為最高機密，因此他的事蹟受到保密，他也不曾受到任何來自官方的嘉獎。直至美國著名暢銷書作家大衛．費雪其撰寫的傳記《戰爭魔術師》問世後，這段祕密檔案才走出塵封的歷史，被世人所瞭解。

6 蓋世太保：德國納粹黨於西元一九二九年成立的國家祕密警察組織，專門負責第三帝國內外安全和情報工作。

史上得獎次數最多的作家

要是有人和你說，史上有一個作家曾先後獲各種文學獎一千次，你肯定難以置信。但確實真有其人，他就是出生於西班牙巴塞隆納的作家曼努埃爾·巴斯克斯·蒙塔爾萬。其得獎次數之多，在世界文學史上可謂絕無僅有，空前絕後。

更令人稱奇的是，曼努埃爾·巴斯克斯·蒙塔爾萬還並非專業作家，他真正的職業是從事電子研究和航空研究，寫作只是他的業餘愛好而已。西元一九九九年十月十八日出版的西班牙《時代》週刊曾報導過這位奇人，說他已獲得各種文學獎一千次。從上世紀七〇年代初至上世紀末，他得獎的金額不下五千萬比塞塔[7]（1歐元＝166.386比塞塔）。也就是說，他平均每年得獎金兩百萬比塞塔，每月得獎金十七萬比塞塔。

當《時代》週刊記者問他從何時起對文學獎發生興趣時，這位和藹可親、

樸實憨厚的老者對記者說：「我一直有兩個愛好：一是走路爬山，挖蘑菇；二是作詩寫小說。前者是一種樂趣，後者是為了體現我的價值。所以我決定拿作品去比賽。那是在西元一九七一年，在卡迪斯，我寄去一首詩參賽，結果得獎。當時我想，如果一連參加三次，一次也得不了獎，我就會心灰意冷地甘休了。但是第一次就得獎，我便著迷了。」

從那以後，他便一發而不可收拾，其參賽作品不斷得獎，得獎的喜訊頻頻傳來。事實上，他的每篇作品都得了獎。如果某篇作品在一次比賽中未得獎，他就拿它去參加第二次、第三次比賽，最終總能得獎。他的得獎作品大多數是詩，少數是短篇小說，大約詩有八百首，短篇小說有二百篇。

其得獎作品中，沒有一部是長篇小說。這位有趣的老者承認，他不愛寫也寫不了長篇小說。他試過三次，結果均以失敗告終。當寫到第五頁的時候，他就在想：「不應該讓讀者去讀我寫的這種乾巴巴的東西。」

7 比塞塔：為西班牙原使用的法定貨幣，在西班牙加入歐盟並於西元二〇〇二年開始使用歐元後被取消停用。

實際上，他不但沒寫成過長篇小說，他生來也幾乎沒有讀過什麼長篇小說。他唯讀過《唐吉訶德》。他忍受不了長篇小說，甚至很厭惡長篇小說，說讀三五頁就讀不下去了。真是實在得可愛啊。

尤其搞笑的是，曼努埃爾．巴斯克斯．蒙塔爾萬說多次得獎其實並無什麼祕訣，只是「見機行事」：「如果我知道評審們喜歡古典的，我就寄十四行詩去。」此外，他說：「我還有一個原則，即獎金超過五十萬比塞塔的比賽我不參加。因為參加這種比賽的人必定踴躍，評審們多半會把獎頒給名氣大的人。」

他還談到他另一次得獎的情形：「我記得有一次，評審們要求參賽作品必須是超現實主義詩歌。那是西元一九七五年，當時我還不知道何謂超現實主義。於是我找出兩首詩，把詩句調換一下順序，再去掉標點符號後寄了過去，結果居然得獎了！頒獎時評審還介紹說我是傑出的超現實主義詩人。」

二戰名間諜竟毀於小小打火機

理查·佐爾格是二戰中最富有傳奇色彩的人物，他是大名鼎鼎的蘇聯間諜，被譽為「最有膽識的間諜」。

佐爾格獲得情報的手段非常厲害。他曾這樣形容自己的傳奇情報生涯：不撬保險櫃，但文件卻主動送上門來；不持槍闖入密室，但門卻自動為他打開。

在德軍即將進攻蘇聯的前夕，佐爾格向蘇聯發出了戰爭警告：「進攻將在西元一九四一年六月二十二日拂曉全面展開。」但是蘇聯領導人史達林不予理會，結果蘇軍被打得措手不及，喪師失地，一潰千里。在蘇聯危急的關頭，佐爾格又向蘇聯發出了一份至關重要的情報：「日本政府決定不和蘇聯交戰！」史達林在獲得這份無比寶貴的情報後，迅速抽調遠東軍隊往歐洲方向，包括精銳的五個步兵師和三個坦克師。這些坦克師裝備的都是有名的T－34坦克。這支生力軍投入戰場，向在莫斯科城下筋疲力盡、傷亡慘重的德軍殺去。德軍哪裡還能招架得住，於是出現了令全世界目瞪口呆的一幕：號稱天下無敵的德軍在蘇軍的凌厲反攻面前，從莫斯科城下踉蹌敗退，其常勝不敗的神話有如泡沫一般地破滅了。

佐爾格就德國要發動對蘇戰爭提出的警告和日本不會在西伯利亞採取行動做出的準確判斷，已作為諜報活動的典範被載入史冊，作為經典案例被載入了情報教材。

西元一八九五年十月，理查・佐爾格出生在蘇聯高加索地區一個油田附近的小鎮。他的父親是位工程師，為一家瑞典諾貝爾利息投資的石油公司工作。理查三歲時，全家遷往德國，在柏林郊區利奇特費爾德的一個大宅院裡定居。在九個孩子當中理查最小，在男孩子中排行第四。

西元一九一四年，佐爾格應徵加入德國軍隊，參加過第一次世界大戰，曾三次負傷。筆者考證，佐爾格於一九一六年在醫院養傷時與左翼社會黨人多有接觸，思想日益傾向進步。西元一九一六年十月，佐爾格就讀於柏林大學經濟系，他除了學習外，還參加了有組織的革命運動。西元一九一八年元月，佐爾格正式退伍而就讀於基爾大學，攻讀國家法和社會學博士。大學畢業後，他從事了教育和新聞工作。西元一九一九年，佐爾格加入德國共產黨。

西元一九三三年九月，舉止高雅、氣度雍容的佐爾格受蘇聯情報機關之命來到日本東京，開始了其波詭雲譎的間諜生涯。

到東京後，機智聰明的他很快成為德國陸軍武官奧特的私人祕書，並建立了自己的「拉姆齊」小組。佐爾格和他的間諜小組獲得了大量極有價值的情報。他們不僅獲得了德國進攻蘇聯的確切時間，而且還大膽預測了日軍的戰略進攻方向是「南下」而不是「北上」。正是根據這一情報，蘇聯的武裝力量得以重新部署，從西伯利亞將大批部隊調往西線保衛莫斯科。

但是誰也不會想到，這個令敵人恨之入骨而又無可奈何的小組以及其核心人物佐爾格，最後竟然會栽在一個小小的打火機上面……

事情是這樣的：當時佐爾格經常出入一家叫「淺倉舞」的酒吧。去得多了，他和酒吧的一位侍女熟識了起來。這位日本女性名叫石井花子。一天，當花子一個人待在佐爾格的房間時，想抽支菸。花子打開了佐爾格辦公桌上的一個抽屜，想找找看是否有火柴或打火機之類的東西。使她喜出望外的是，裡面有一只極為漂亮的打火機。她點燃了香菸，順手將打火機放進了自己的口袋。事後，佐爾格追問起，她卻不承認。

由於在佐爾格的住處附近經常出現電報機訊號，日本員警組織特高課的特務們對這一片監視了很久。他們逐漸對佐爾格懷疑起來，但由於佐爾格是「友邦」德國公民，貿然動手可能會引起兩國外交糾紛，於是決定先從佐爾格的女友花子身上打開破口。

一天晚上，花子與佐爾格幽會後回家時，被特高課「請」進了警察局。她如實把與佐爾格認識的經過，佐爾格為她買鋼琴、租房子的事情講了出來。除了經濟原因值得懷疑以外，別的沒有什麼可構成間諜的罪證。搜查花子房間的員警們也幾乎一無所獲，但是他們發現了花子從佐爾格住處拿來的那只打火機。請反間諜專家拆開一看，原來這是一臺微型照相機。特高課確信佐爾格是一名間諜無疑，於是馬上逮捕了他，又根據他平時和別人來往的情況，將整個「拉姆齊」小組一網打盡。

西元一九四四年九月，佐爾格被日本法庭判處死刑。在知道獲救無望後，佐爾格向日本當局提出的唯一要求是：希望在十一月七日十月革命紀念日這一天對他執行死刑。

西元一九四四年十一月七日，東京監獄對佐爾格執行了絞刑。在敵人的絞刑架下，佐爾格面不改色地高呼：「蘇聯萬歲！紅軍萬歲！共產主義萬歲！」而被處決。

西元一九六四年莫斯科當局公開了佐爾格的祕密，並於佐爾格逝世的忌日追認他為蘇聯的最高英雄。蘇聯報刊發表了許多文章，頌揚他在第二次世界大戰做出的貢獻。莫斯科一條大街、蘇聯的一艘油輪分別以佐爾格的名字命名。西元一九六五年春，蘇聯為紀念佐爾格發行了一枚面值為4戈比（1盧布＝100戈比）的紀念郵票。郵票的紅色背景襯托著一枚蘇聯英雄勳章和佐爾格的肖像，以紀念這位在二戰中做出特殊貢獻的民族英雄。

多次被神眷顧卻難逃一死的美女間諜

英國國家檔案館解密的一份二百二十五頁的檔案曝光了一位美女間諜的糗事。她在二戰期間驚心動魄的間諜大戰中，由於生性「不是當間諜的料」，做出了一系列令人匪夷所思、啼笑皆非的可愛之舉，讓人不得不感慨：歷史真是幽默。

這位出身高貴的美女間諜真名叫做努爾．艾娜雅特．汗，是印度南部一個王公家庭的公主，是父母的掌上明珠。她幼年移居法國，在巴黎長大，因而能講一口流利的法語和英語。西元一九四〇年法國戰敗，努爾隨家人逃到了英國。由於外表出眾，氣質特別，語言能力又好，很快就被英國皇家空軍特別行動署看中，招募她為特務。但努爾並「不是當間諜的料」，特別行動署給她下的評語是：「笨拙、容易激動、害怕武器。情緒不穩定，腦筋不太好，不善於保護自己。」

真不知道英國皇家空軍特別行動署是如何想的，竟然把「不善於保護自己」的努爾留在了殘酷的隱蔽戰線。

為了反法西斯主義，英法聯合作戰。西元一九四三年，努爾被派往巴黎的一個情報小組充當無線電發報員，代號「馬德萊娜」。特別行動署起初不同意把她派往法國。但是隨著戰局的發展，英國在法國的祕密電臺陸續被破壞，特別行動署急需向前方補充新的無線電發報員，於是他們也就只好讓努爾上陣了。

於是，令人哭笑不得的一幕出現了。在第一次執行祕密傳遞情報的任務中，努爾由於過度緊張，怎麼也想不起接頭的暗號，情急之下竟然把獲取的德軍駐防圖展開，向每一個行人試探，看誰是前來接頭者。多虧前來接頭的兩位地下抵抗組織成員及時裝作當地精神病療養院的工作人員，以尋找走失的精神病患者為名，才巧妙地使處於萬分危險境地的努爾安然脫險。這一幕，比任何驚險的諜戰劇情節都更扣人心弦。

然而，努爾並沒有從這次行動中吸取教訓。不久，她奉命攜帶電報機到一處郊區旅館向倫敦發一份長篇電報。在完成任務離開時，她將密碼本和記有巴黎全體地下抵抗組織人員名單的工作手冊遺留在房間裡。幸好，幸運之神再一次降臨到努爾頭上：旅館的老闆是一個法蘭西民族主義者，他沒有向蓋世太保告發努爾，而是從工作手冊上找到她的電話號碼，及時通知她領走名冊。當努爾的法國同事知道這件事後，一個個驚得目瞪口呆，他們實在不敢相信，這就是倫敦派來的「專業特務」！

吃幾塹也不長一智，體現努爾生性「不是當間諜的料」的事件繼續上演。兩個多月以後，努爾決定將發報地點轉移到市區靠近福奇街的一套公寓。她自以為地處鬧市，正符合「越危險的地方越安全」的地下工作法則，但她怎麼也沒有想到自己經過「周密思考」才選中的新發報地點竟然與蓋世太保的祕密總部只有一街之隔！努爾每次發報的時間都固定在深夜十一點至凌晨兩點。由於她選擇的房間隔音性極差，而她敲擊電報機按鍵的手法又很重，經常吵得周圍鄰居難以入睡。沒過幾天，她就成為這條街上「家喻戶曉」的人物。

儘管努爾被上帝眷顧過很多次，但最終，噩運終於降臨到努爾的頭上了——在她的法國同事中，有一位名叫蕾妮的女性，此人為了巨額的獎賞，把努爾出賣給了德國的蓋世太保。

得到密報的德國祕密員警迅速地搜查了努爾的房間，並從房間的壁櫥裡搜出了一本筆記本。令這些殺人不眨眼的蓋世太保大為吃驚的是，搜出的筆記本上居然整整齊齊地記錄著努爾每一次收發的電報內容。原來，努爾誤解了上級的指示——特別行動署讓她謹慎處理電報，原意是要求她即時銷毀文稿，而她卻理解為將電報保存，真是滑天下之大稽，可悲又可憐。

但是在被捕後，在工作中糗事一籮筐的努爾卻展現了一名「職業」地下工作者應有的素質：這位從小嬌生慣養的印度公主寧死不屈，視死如歸，雖飽受德國蓋世太保的百般摧殘，但直至被處死時都未對敵人吐露半點消息，她生命最後的大無畏精神可圈可點。二戰結束後，英國政府為了表彰為反法西斯事業獻出寶貴生命的努爾，特追授她喬治勛章和帝國勛章。

笑傲江湖篇

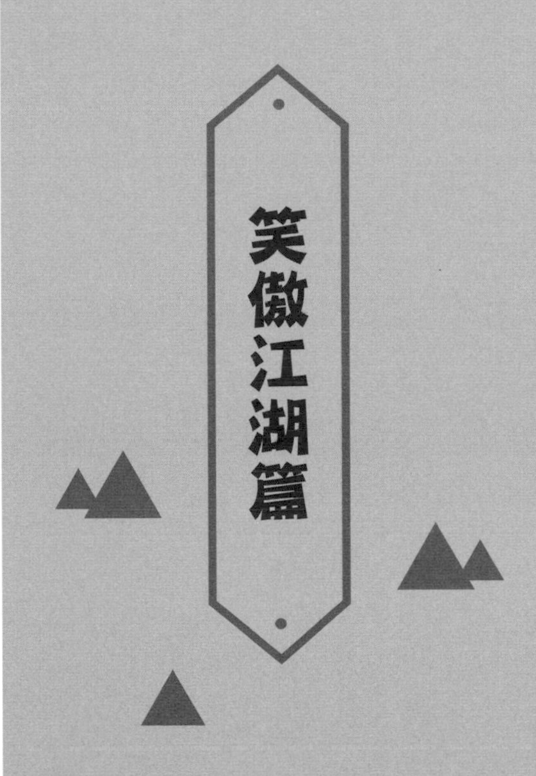

齊頃公導演的「不好笑的玩笑」

歷史上，凡有遠見的政治家、軍事家，總是會十分嚴肅慎重地對待外交事宜。對於主動上門的外國使節，都應以禮相待。但偏偏有一位國君，反其道而行之，他對於四位遠道而來的外國使節，不僅不能以禮相待，還拿對方各自的生理缺陷一起尋開心，導演了一場史上最搞笑的宮廷惡作劇。這樣的行事，自然招致了非常嚴重的後果——他招來了一場戰爭，還差點做了人家的俘虜。

這位好笑的國君就是春秋時期的齊頃公。

齊頃公（前五九八年—前五八二年在位），姓姜，名無野，齊惠公之子，齊桓公之孫，齊太公十四世孫。

事情的經過是這樣的：魯成公元年，晉國大夫郤克、魯國大夫季孫行父、衛國使臣孫良夫、曹國使臣公子首結伴而行，一起出使齊國，來到了齊國的國都臨淄。奇巧的是，這四位使臣生理上都有缺陷：郤克獨眼，季孫行父禿頭，

孫良夫跛行，公子首駝背。齊頃公接見他們之後，把四個人的長相說給母親蕭太后聽。蕭太后好奇心很重，非要親自看看。

「孝順」的齊頃公為博母親一笑，就導演了一場超級惡作劇。他讓人從國內找來了一個獨眼龍、一個禿子、一個瘸子和一個羅鍋，分別對號入座為四位來賓馭車，定於第二天來後花園作客。

齊國的上卿國佐勸說道：「國家之間的外交是件大事，人家為修好而來，我們要待之以禮，千萬不要耍笑人家。」齊頃公仗著國大兵多，不聽勸告。

那個時候，曾為春秋霸主之國的晉國因為在西元前五九七年的「邲之戰」中被楚莊王擊敗，失去中原霸主地位。而相繼稱霸中原的楚莊王也於前五九一年去世，中原霸主的位子暫時空了出來。做為曾經的中原第一霸主齊桓公之孫的齊頃公，便自視為泱泱大國之君，不把中原的各諸侯國放在眼裡。

第二天，當四位使臣在四位齊國僕人的陪同下經過蕭太后居住的樓臺之下時，蕭太后和宮女們偷偷隔著帷幕觀望，忍不住哈哈大笑了起來。原來，給獨眼的郤克駕車的是一個「獨眼龍」；給禿頭的季孫行夫駕車的是個「禿子」；跛行的孫良夫的馭手是個「瘸子」；駝背公子首的馭手是個「羅鍋」，真是一對對活生生的「克隆秀」。

郤克起初見給他駕車的人也是一隻眼睛，以為是偶然巧合，沒有在意，等聽到了嘻笑聲，這才恍然大悟。他草草地飲了幾杯，就同三國使臣回到館舍。當他探聽到臺上嘻笑的人竟是國母蕭太后，不由更火冒三丈。另外三國的使臣也憤憤地說，咱們好意來訪，齊頃公竟把我們當笑料供婦人開心，真可恨至極！郤克說：「此仇不報，就不是大丈夫！」四國使臣歃血為盟，對天起誓，決心協力同心，伐齊報仇。四人商量到深夜，不辭而別，各回本國準備去了。

齊頃公的這件令人匪夷所思的「糗事」，《春秋穀梁傳》裡有記載：「（成公元年）冬，十月。（魯）季孫行父禿，晉郤克眇，衛孫良夫跛，曹公子首僂，同時而聘於齊。齊使禿者御禿者，使眇者御眇者，使跛者御跛者，使僂者御僂者。蕭同叔子處臺上而笑之。聞於客。客不說而去，相與立胥閭而語，移日不解。齊人有知之者，曰：「齊之患，必自此始矣！」

仇恨的種子，一旦有了合適的土壤和氣候，就會長成參天大樹。果然過了三年，郤克掌握了晉國的大權，晉、魯、衛、曹四國結成同盟，攜怒復仇而來，共同討伐齊國，這就是春秋著名的「鞌之戰」。

齊頃公舉全國之力來應戰。戰前他還下令，把敵人消滅再吃早飯吧，彷彿勝利就是他的。

但是，戰鬥雖然進行得非常激烈，卻很快就見了分曉：齊軍大敗，晉國的韓厥追趕上了齊頃公的戰車，逢丑父冒充齊頃公，假意讓他取水，藉機讓齊頃公逃離。齊頃公回到軍中帶兵回來尋找逢丑父，三入三出敵軍之中。逢丑父被俘後，郤克要殺他，但聽他說：「以後就沒有替君主承擔禍患的人了！」就釋放了他。戰後雙方議和，齊國歸還了侵占的魯衛領土，同晉國議和。

此役，齊軍元氣大傷，齊頃公也險些當了俘虜。齊頃公戰敗後回國路過徐關，還對保衛徐關的士兵說：「勉之！齊師敗矣。」也就是說，大家好好努力，我們這仗打敗了。戰勝方的晉國在和解條件中，還特別提出一條：「必以蕭同叔子為質。」拿齊國的「國母」作人質，這是齊頃公絕不能接受的，齊國上下也都抗議此事，為此齊國表示要舉國「決戰到底」，晉國才放棄此項要求。

第二年（魯成公三年）十二月，齊頃公到晉國行朝聘禮。將要舉行授玉禮節時，晉國執政的郤克還記得被齊頃公母親嘲笑的事，上前說：「您是為了女人的戲笑而受到羞辱。所以寡君不敢當授玉之禮。」（《左傳》原文：齊侯朝於晉，將授玉。郤克趨進曰：「此行也，君為婦人之笑辱也，寡君未之敢任。」）可見郤克是何等耿耿於懷。授玉，就是要把朝見天子時所用的玉圭交給晉景公，是表示恭敬、臣服。郤克上前阻止了齊頃公，表示晉景公不敢接受，因為晉景公只是諸侯國君，不是天子，所以不敢受此只有天子才能享用的大禮。

齊頃公後來開始輕徭薄賦，關心百姓疾苦，民心大悅。對外，也以厚禮待各諸侯。頃公死前，百姓歸附，諸侯不敢來犯。據《史記．齊太公世家》記載：「（頃公）十一年，齊頃公朝晉……歸而頃公弛苑囿，薄賦斂，振孤問疾，虛積聚以救民，民亦大說。厚禮諸侯。竟頃公卒，百姓附，諸侯不犯。」

縱觀齊頃公，「三入三出」救逢丑父可算是有義氣；戰敗對徐關士兵說：「勉之！齊師敗矣。」也算敗不餒；輕徭薄賦，關心百姓疾苦，諸侯不來犯，也算個勵精圖治的好君王了！就是戲弄四國使臣，拿別人的生理缺陷開玩笑之事，實是不太厚道。

經典的「拆字」妙解

中華文字多奇趣，古今多少文人墨客玩味其中以為樂。有一種文字遊戲叫「拆字」，被廣泛用於作詩、填詞、撰聯，或用於隱語、製謎、酒令等。南宋胡仔《苕溪漁隱叢話》載有一首拆字詩：「日月明朝昏，山風嵐自起。石皮破乃堅，古木枯不死。可人何當來，意若重千里。永言詠黃鶴，志士心不已。」每一句中都含有拆字，構思奇特新穎。用於撰聯則更多，如「張長弓，騎奇馬，單戈獨戰；嫁家女，孕乃子，生男曰甥。」上聯拆拼「張、騎」二字又合併「戰」字，下聯拆拼「嫁、孕」二字又合併「甥」字，分別表現了馳騁疆場和兒女情長的兩種場面，極富趣味性和藝術魅力。

正史中也對「拆字」這種遊戲有記載，如《後漢書》載：「獻帝初，童謠云：『千里草，何青青，十日卜，不得生。』」這條隱語中，「千里草」即「董」，「十日卜」即「卓」，暗示董卓專權事。

歷史上曾發生過大量的「拆字」趣聞，筆者大浪淘沙廣閱細節，選出其中的十大經典趣聞，與各位看官共賞之。

其一：

南朝時的江淹，是個文學史上十分著名的人物。與他有關且老幼皆知的成語就有兩個：「夢筆生花」與「江郎才盡」。江淹在被權貴貶黜到浦城當縣令時，相傳有一天，他漫步浦城郊外，歇宿在一小山上。睡夢中，見神人授他一枝閃著五彩的神筆，自此文思如湧，成了一代文章魁首，當時人稱為「夢筆生花」。中年以後，江淹官運亨通，官運的高峰卻造就了他創作上的低潮。據《詩品》記載，江淹有一天晚上夢見一個人，自稱是郭璞（晉代文學家），他對江淹說道：「我有一枝五色彩筆留在你處已多年，請歸還給我吧！」江淹從懷中取出，還給了那人。其後他寫的文章就日見失色。時人謂之才盡，於是便有「江郎才盡」一說。

江淹年輕時家貧而才思敏捷。一次，一群文友在江邊漫遊，遇一蠶婦，當時有一頗負盛名的文人即興出聯曰：「蠶為天下蟲。」將「蠶」拆為「天」和

「蟲」，別出心裁，一時難倒眾多才子。正巧一群鴻雁飛落江邊，江淹靈感觸發，接道：「鴻是江邊鳥。」將「鴻」拆為「江」和「鳥」，與將「蠶」拆為「天」和「蟲」有異曲同工之妙，不僅反應奇快，而且貼切工巧，眾人自然為之嘆服。

其二：

洞庭天下水，岳陽天下樓。名傾天下的岳陽樓始建於西元二二〇年前後，其前身相傳為三國時期東吳大將魯肅的「閱軍樓」，西晉南北朝時稱「巴陵城樓」。

最早稱「巴陵城樓」為「岳陽樓」的人是唐代大詩人李白。李白一生曾六登岳陽樓，最後一次到岳陽樓，有個過路人在岳陽樓的牆壁上留下了三個字：「一、蟲、二。」眾人不解其意。等到李白來時，人們就向他請教。李白沉思良久道：「這是仙人留下的一副對聯。『一』指水天一色；『蟲、二』便是風月無邊」。人們嘆服，並請李白留下墨寶。李白欣然命筆，寫下「水天一色，風月無邊」八個大字。如今，這副對聯被刻成雕屏，懸掛在岳陽樓三樓主門。

其三：

北宋文壇巨匠蘇東坡與詩人佛印和尚是至交好友。一次，蘇東坡去找佛印和尚，看到他正在與三個木匠為廟頂上設計雕刻一個木頭的小狗，只見他們四人圍在一起，對著木頭狗品頭論足，靈機一動，想起一個拆字上聯來。他上前對佛印說：「我有一上聯在此，佛印兄可對否？」隨即出口吟道：「四口圍犬終成器，口多犬少。」

佛印一聽，心想這是一個拆字聯，四口人圍住一隻犬，正是一個「器」字，四口對一犬，可不是口多犬少嗎。佛印正皺眉撓頭時，忽然看見兩個人抬著一根木料走了過來。他眼前一亮，聯從口出：「二人抬木邁步來，人短木長。」

蘇東坡聽罷，連聲稱妙。原來，「來」是「木」字腰窩兩個小「人」，木頭挺長，人卻極短，佛印同樣用拆字法對出了下聯，可謂天衣無縫。

其四：

佛印和尚與蘇東坡的妹妹蘇小妹也曾有過一次「拆字聯」妙對。

佛印和尚有一天去拜訪蘇東坡，大吹佛力廣大、佛法無邊。坐在一旁的蘇小妹有意開他的玩笑：「人曾是僧，人弗能成佛。」佛印一聽，也反對她一聯：「女卑為婢，女又可為奴。」蘇小妹和佛印的妙對，就是利用拆字法巧拼「僧」、「佛」、「婢」、「奴」四字，妙趣橫生。

其五：

宋朝仁宗時期的宰相呂蒙正，幼時家境貧寒，缺衣少吃。但他學習刻苦，天賦頗深。一日，私塾先生帶領幾個學童上山遊覽，呂蒙正因未吃早飯，肚中饑餓，看到有一山泉，忙跑過去伏下身子飲水充饑。先生見此情景，知其必是饑餓所致，便即景出聯問曰：「欠食飲泉，白水豈能度日？」

呂蒙正人稱「神童」，知道這是一副拆字聯，「欠」、「食」是一個「飲」字，「白」與「水」是一個「泉」字。此聯觸到了他的痛處，勾起他無限愁情。他當即對出了下聯：「才門閉卡，上下無處逃生。」

他將「才」與「門」組成「閉」字，「卡」拆為「上」、「下」二字，既說出了自己的家境，又與上聯相對甚妙。

先生見他說得可憐，又深愛其才，當下把他領到自己家中，讓他和自己的兒子一起讀書，並免除了他的一切費用。

後來，呂蒙正終於在大考中被欽點為狀元，最後做到了一人之下，萬人之上的一品首輔。

其六：

《岳傳》說，宋高宗趙構因岳飛主戰、秦檜主和而被攪得六神無主，微服出街解悶，遇一拆字先生，便據當時的季節隨手寫一「春」字給他拆解。

拆字先生看罷此字，對趙構納頭便拜。趙構大驚，問其究竟，拆字先生說：「客官您看，一夫之下一輪紅日，豈是等閒之輩。」趙構聽了，對之深為佩服，便繼續追問此字玄機。拆字先生一邊收攤，一邊向趙構耳語一句：「春字『秦』頭太重，壓『日』無光。」說完，拆字先生便溜之大吉了。很明顯的，這個故事是在諷刺宋高宗時期權傾天下的奸臣秦檜。

其七：

明人蔣燾，少時即能詩善對。一天，家中來了客人。此時窗外正下著小雨，客人想考考他，便出聯云：「凍雨灑窗，東兩點，西三點。」「凍」字拆開是「東兩點」，「灑」字拆開是「西三點」，對起來有一定難度。

這時，只見蔣燾從屋裡抱出個大西瓜，切成兩半，其中一半切了七刀，另一半切了八刀，對客人說：「請各位指教，我的下聯對出來了。」

他見客人納悶，補充說：「剛才對的是：『切瓜分客，上七刀，下八刀。』」客人讚不絕口。「切」字拆開正好是「七」、「刀」，而「分」字拆開是「八」、「刀」。

其八：

明代江南四大才子唐伯虎、祝枝山，文徵明、周文賓[8]，在平常聚會時，

---

8 周文賓：史實中的江南四大才子又稱吳中四才子，分別為唐伯虎、祝枝山、文徵明和徐禎卿。其中徐禎卿英年早逝，且科舉後便留在京城，不在吳中，故後來的文人便杜撰了一位周文賓來湊數。

常常吟拆字詩聯取樂。一天，祝、文、周、三人應邀到唐府作客，一進門，看到唐伯虎和家人正在影壁牆前種桂樹，便一齊上前打招呼。唐伯虎一見客人來到，丟下手中的活，將他們請到客廳就座。丫鬟上齊茶水酒肴，賓主坐定，祝枝山開口道：「小唐，今天我們四個來玩一個遊戲，每人一句拆字聯，組成一首詩，你意下如何？」

唐伯虎一聽，揖手答曰：「祝兄所言，正合我意，請祝兄出首句。」祝枝山說：「剛才進門的時候，看到你在種樹，就以此為題吧。我出的是：『閒種門中木』。」

唐伯虎聽完暗思：門中有木是個「閑」字，從意思到文字技巧都挺好的。有意思，有意思，思！對，有了，隨即開口答道：「思耕心上田。」

眾人一聽，不禁拍手叫絕。更被唐伯虎的巧妙構思所折服，小唐確實比老祝技高一籌。文徵明也不甘落後，連忙說：「我來第三句，我對的是：『秋點禾邊火』。」

話音一落，眾人齊聲稱妙。祝枝山指著周文賓說：「文賓，該你收尾了。」周文賓忙站起來揖手曰：「各位種的種，耕的耕，點的點，到我這裡該生長了。

我的尾句是：『甜生舌後甘』。」

剛一落音，祝枝山擊掌稱妙。說：「我們四人的拆字聯連起來正是一首詩呀。」隨即從頭朗誦起來：「閑種門中木，思耕心上田，秋點禾邊火，甜生舌後甘。」

大家聽後，齊聲稱讚。唐伯虎說：「我們江南四大才子聚會吟詩，各顯其能，有種有收，可謂獲益匪淺也。可喜可賀，來，讓我們共同舉杯，喝他個一醉方休！」

眾人齊聲稱好。四人開懷暢飲，盡興而歸。

其九：

明朝末年，崇禎皇帝眼看大明天下已是日薄西山，朝不保夕，於是憂心如焚，寢食不安，遂遣一宦官出宮打探民情。宦官來到一個測字攤前，想拆個字，預卜一下國運。

宦官先寫個「友」字，測字先生說是「反」賊出頭。

宦官暗驚，再測「有」字，測字先生說「有」字也不吉，乃「大」字掉了一半，「明」字去了半邊，「大明」岌岌可危。

宦官聽得滿身是汗，忙說前面兩字寫錯，實欲測「酉」字。

測字先生說，此字更為不祥，「尊」字去頭去尾，皇帝至尊快完了。

三個同音字測下來，皆是明王朝亡國之兆。是年，崇禎皇帝在景山上吊自盡。

其十：

乾隆皇帝擅長對對聯，且常借此戲人。一次，他喬裝改扮，與張玉書在酒樓上飲酒。席間，他乘著酒興指著一姓倪的歌姬出了上聯：「妙人兒倪氏少女。」要張玉書接對。這上聯是「妙」、「倪」二字的拆字聯，張玉書一時苦思莫對。

歌姬在一旁隨口答道：「大言者諸葛一人。」將「大」、「諸」二字拆開。乾隆大為讚賞，命張玉書賜酒三杯。不巧，酒已喝完，傾壺只滴出幾點。

歌姬見此，笑著對乾隆說：「『冰冷酒一點兩點三點』，下聯請先生賜教。」上聯既暗含前三個字的偏旁，又冠以數字，窘得乾隆面紅耳赤。幸好此時樓下走過一個賣花人，張玉書靈機一動，代言道：「丁香花百頭千頭萬頭。」才算為他解了圍。據說，從那之後，乾隆皇帝再不輕易用對聯戲人了。

關於蓋房的哲理小故事

古人有許多耐人尋味的哲理故事，讀之使人回味無窮且有所啟迪。今選擇兩篇哲理小品以饗讀者，其蘊藉極其深刻，都是關於蓋房子的。

三個字的勸諫

齊國宰相田嬰，因齊宣王不喜歡他，便想在自己的封地薛地築城蓋房，發展私家勢力，以備不測。人們紛紛勸阻。田嬰下令任何人不得勸諫，違者殺頭。

田嬰是戰國時齊國的宗室大臣，是齊威王的小兒子，也是齊宣王庶母所生的弟弟，田文（孟嘗君）之父。田嬰從齊威王時就任職當權，曾與成侯鄒忌以及田忌帶兵去救援韓國攻伐魏國，初為齊將，參與馬陵（今河南省范縣西南）之役，立有戰功，被任為宰相，主管一國上計，卻弄權行私，財富驕溢。他被封於薛地（今山東省棗莊市），自營城郭宗廟，結交豪民，收納逋犯。田嬰在齊國任相十一年，威逼主上，稱薛公，號靖郭君（一作靜郭君）。

懾於田嬰的威勢，人們都不敢前來勸諫。這時，有一個人請求只對田嬰說三個字，多一個字，寧肯被殺頭。田嬰覺得很有意思，便請他進來。這個人快步向前施禮道：「海大魚。」然後，掉頭就走。

田嬰忙叫住對方說：「你這話外有話。」那人說：「我不敢以死為兒戲，不敢再說話了。」田嬰說：「沒關係，說吧！」那人說：「您不知道海裡的大魚嗎？魚網撈不住牠，魚鉤也鉤不住牠，可一旦離了水，牠就成了螞蟻的口中之食。齊國對於您來說，就像水對魚一樣。您在齊國，如同魚在水中，有整個齊國庇護著您，為什麼還要到薛地去築城蓋房？如果失去了齊國，就是把薛城築到天上去，也沒有用。」

田嬰聽罷，深以為是地道：「說得太好了。」於是，他很快就停止了在薛地築城的做法。

但見房屋換主人

唐代著名的政治家、軍事家郭子儀，唐肅宗曾這樣高度評價他：「雖吾之家國，實由卿再造。」安史之亂時，郭子儀任朔方節度使，在河北打敗史思明。後連回紇收復洛陽、長安兩京，功居平亂之首，晉為中書令，封汾陽郡王。

代宗時，叛將僕固懷恩勾引吐蕃、回紇進犯關中地區，郭子儀正確地採取了結盟回紇，打擊吐蕃的策略，保衛了國家的安寧。郭子儀戎馬一生，屢建奇功，以八十四歲的高齡才告別沙場。天下因有他而獲得安寧達二十多年。他「權傾天下而朝不忌，功蓋一代而主不疑」，舉國上下，享有崇高的威望和聲譽。

晚年，郭子儀開始給自己建造一座豪華的官邸，在興工修建的時候，郭子儀每天不辭辛苦地親到現場督工，一再要求工匠把房子造得更牢固一些。一天，一位年老的工匠對他說，請王爺放心，我家祖孫三代在長安都是做泥水匠的，不知道蓋了多少府邸，可是只見過房屋換主人，還未見過哪棟房子倒塌了的。郭子儀聽了這番話，拄著拐杖就走了，從此再也不去監工了。

為打擊大臣私聊而被發明的「長翅帽」

古代皇帝中不乏有趣的聰明者，其中有的甚至還是發明家，如趙匡胤就曾經發明了特別的「長翅帽」。

烏紗帽原是民間常見的一種便帽，官員頭戴烏紗帽起源於東晉，但作為正式「官服」的一個組成部分，卻始於隋朝，興盛於唐朝，五代馬縞著的《中華古今注．烏紗帽》就這樣記載：「（唐）武德九年十一月，太宗詔曰：『自今已後，天子服烏紗帽，百官士庶皆同服之。』」《唐書．輿服志》記載：「烏紗帽者，視朝及宴見賓客之服也。」也就是說，烏紗帽在官員們上朝和宴請賓客時戴，平時在家不必戴，頗類似於今天的某些行業著裝。

到了宋代，這種官帽又有自己的特殊標誌——帽後配掛兩根又平又長的「翅」，晃動起來的樣子挺搞笑的，這種怪模怪樣的帽子學名叫展角（平角）襆頭，俗稱長翅帽，發明者就是粗中有細的開國皇帝趙匡胤。

趙匡胤為何要發明這麼一頂奇怪的帽子呢？原來，趙匡胤登基後，很不放心當年一起闖天下的同僚，尤其討厭文武大臣在朝堂中交頭接耳，評論朝政，唯恐他們交流過多而結黨甚至產生異心。

一天上早朝，勤政的趙匡胤一臉莊重地端坐於龍椅上，聚精會神地聽著一位大臣的奏報。他想通過自己的表率作用，給朝堂營造一個莊嚴、肅穆、神聖的氛圍。不料沒一會兒，讓他擔心的事情還是發生了：幾個大臣很隨意地在下面交頭接耳，全然不顧朝堂上應遵守的規矩。

對於眼前這一不和諧的一幕，趙匡胤心中很是不滿，但他不露聲色，並沒有當場發作對幾名不守紀律的官員點名批評，而是若無其事地繼續聽奏報。

注重實效且含蓄，是趙匡胤行事的一貫風格。退朝後，他很快就想出個辦法，你們不是喜歡交頭接耳竊竊私語嗎？我叫你們說不成！他傳旨屬官在襆頭紗帽後面分別加上長翅。長翅用鐵片、竹篾作骨架。一頂帽子兩邊鐵翅各穿出一尺多（以後越來越長）。這種帽子除了朝堂和官場正式活動時須戴上，一般場合是不戴的，因為戴上它，在街上行走極不方便。這樣官員只能面對面交談，要並排坐著談就困難了。從此大臣上朝，也就很難排列在一起交頭接耳了。再

加上大家都明白皇上這樣做就是為了打擊大臣之間的私聊，沒人再敢造次，於是朝堂之風為之一新。

關於宋朝官員戴長翅帽，古代文人筆記中還記載了一個有趣的故事：

一日，宰相寇準微服出行視察民情。他著青衣，戴小帽，打扮成書生模樣，在京都東京（今河南省開封市）私訪。當他和一個老頭子談話時，老頭子對寇準卑躬屈膝，跪拜迎送，表現出異乎尋常的恭謙。

寇準感到奇怪，故意發問：「老先生，鄙人乃一介書生，請你隨便些吧。」

老頭子笑著說：「相公莫非隱瞞自己身分？你可是朝廷的命官啊！」

寇準一聽更加疑惑，「我和你老素不相識，怎麼說我是朝廷命官呢？」

老頭子說：「相公，剛才你通過狹巷時，側身左顧右盼，生怕有東西碰著你的帽子。你要不是常戴長翅帽，哪會有這樣的習慣動作呢？」

很厲害有趣的名人「三不」

中華文化中與「三」有關的知識很多，為了律己抑或其他目的，很多名人都給自己定過「三不」的規矩，本篇就來說說那些很厲害有趣的名人「三不」趣聞。

如中國現代極負盛名的歷史學家、古典文學研究家、語言學家陳寅恪教授，先後留學於日本、德國、瑞士、法國、美國等，通曉梵文、突厥文、滿文等多種東西方語言文字，回國後任教於清華國學研究院、嶺南大學等數所大學。陳寅恪一生中為人們留下了大量著作，內容涉及歷史、文學、宗教等多個領域，為後來人開闢了新的學術領域，更提供了新的治學方法，民國以來即廣為學界所尊崇。陳寅恪致力於做真正的學問，他不僅宣導為人治學當有「自由之思想，獨立之精神」，而且在自己的學術研究中堅持三個不講——書上有的不講、別人講過的不講、自己講過的也不講。

曾任中華民國首任教育總長、北京大學校長的大教育家蔡元培當年從德國留學回來的時候，立了「三不」原則，即：不做官、不納妾、不打麻將，時稱「三不主義」。北京大學校長雖然是由政府任命的，但蔡元培認為這是辦教育，不是做官。另外兩條，是針對當時社會上的腐化有感而發的。蔡先生言出必行，在當時堪稱「出淤泥而不染」，享有很高的社會聲譽。

在傳統文學、經學、哲學等方面有著很深造詣的黃侃，有一句經典名言：「五十之前不著書。」黃侃生前，其師章太炎曾多次勸他著書立說，但黃侃終不為所動。西元一九三五年，黃侃五十歲生日，章太炎親贈一副對聯：「韋編三絕今知命，黃絹初成好著書。」無意中藏了「絕命書」三字，誰知竟成讖語。西元一九三五年十月六日，黃侃由於飲酒過度，胃血管破裂，搶救無效去世，年僅五十歲。他雖未出版任何著作，卻成為海內外公認的國學大師。

黃侃在武昌高師任教時，元配夫人王氏去世，黃紹蘭女士繼配。兩人雖經山盟海誓而結合，但因小事而反目，以致分居。武昌高師學生黃菊英和他大女兒同級，常到他家來玩，以父師之禮事黃侃，黃侃對這個女學生也很好。日子一久，竟生愛戀，不數月，二人突然宣布結婚。朋友們都以「人言可畏」勸他，他坦然地說：「這怕什麼？」婚後不多時，他轉到南京中央大學任教，在九華村自己建了一所房子，題曰「量守廬」，藏書滿屋，怡然自樂。他和校方有下雨不來、降雪不來、颳風不來之約，因此人稱他為「三不來教授」。如此派頭，世所罕有。

魯迅酷愛讀書，並且在讀書方法方面見解頗多，他講究讀書的「三性」，即目的性、靈活性、廣泛性。還有「三昧」：平知、獲趣、致雅。「三法」是背書法、抄書法、設問法。他還經常提到在學習上要有「不怕慢、不怕落後、不怕失敗」的「三不怕」精神，並身體力行之。

錢鍾書健在之時，有好事者，想為錢老先生舉辦一個紀念活動，便去徵求老先生的意見。錢鍾書斷然謝絕，因為他「不願花不明不白的錢，不願見不三不四的人，不願聽不痛不癢的話」。三個「不願」，足見錢鍾書淡泊名利的風骨。三個「不願」，也是錢鍾書一貫所堅持的，好事者只得悻悻焉。

西元一九三三年參加中國左翼作家聯盟的著名作家廖沫沙，曾是文革大冤案「三家村」的成員之一（北京市委刊物《前線》曾為他和鄧拓、吳晗開設〈三家村札記〉雜文專欄，由吳晗、鄧拓、廖沫沙三人輪流撰稿，統一署名「吳南星」。「吳南星」的這些雜文緊密連繫現實，敏銳地提出問題，為人喜聞樂見。西元一九六六年五月廖沫沙和鄧拓、吳晗三人被錯定為「三家村反黨集團」）。廖沫沙之所以能經歷文革之劫，健康長壽，他總結說全賴於自己的「三不」養生之道：「寵辱不驚、鍛煉不停、作息不變。」

吳佩孚的批示太有才了

吳佩孚是北洋軍閥中少有的秀才出身，頗有儒將風度，時稱吳大帥，且他還是亮相全球最有影響力的《時代》雜誌封面的首位華人。這位在舊中國軍閥混戰中叱吒風雲者晚節保持得不錯，拒絕和日偽政府合作，頗為後人所稱道。他在宦海生涯中曾留下三件批示，都令人拍案叫絕！

一是有個政客曾在別處為官，政績平平政聲亦糟，得知吳佩孚主政直魯豫，便託關係來求吳，想到河南謀個官職。報告呈上案頭，吳佩孚大筆一揮批曰：「豫民何辜？」意思是河南老百姓有什麼過錯，竟要這樣的人來當官，承受因他當官而帶來的禍害——因為為官一任，可造福一方，也可禍害一方。吳佩孚不買推薦者的帳，也不用官話套話擋駕，僅以老百姓的利益為由凜然拒絕，義正辭嚴。

二是某「下崗」軍佐得知吳佩孚帳下有一旅長空缺，毛遂自薦來跑官且擬了自薦書，裡面大談理想抱負志向然後言歸正傳，最後是「願為前驅功成解甲退居故里植樹造林福澤桑梓」云云。吳佩孚批示：「且先種樹。」對這等志大才疏、誇誇其談的跑官者，吳佩孚的批示很有針對性——既然你有這種為人民服務的精神，先回鄉種種樹再說。

第三件則更有趣了。當時德國駐華公使的千金正值妙齡，對吳佩孚無限仰慕，相思無門，這位西洋少女的思想也很開放，徑直寫信向吳佩孚求婚。吳佩孚不識德文，吩咐祕書譯出呈上，那情書便成了公函。吳佩孚依例揮毫閱示——「老妻尚在！」以老妻拒洋妞，吳佩孚的這等情懷有幾人能比得了？

每次批示不多不少都是四個字，字字千鈞，風趣有加而嘲弄有力。吳佩孚的這三個批示不僅言簡意賅十分幽默，也顯示出其頗有文采，更顯示出其可愛的一面，那秀才的文憑真是考出來的。

吳佩孚的書信也如批示一樣有趣。他有一老同學，曾致信與他，欲在他手下謀一後勤部門的所長職務。

吳佩孚回信說：「所長（ㄓㄤˇ）必有所長（ㄔㄤˊ），兄之所長（ㄔㄤˊ）何在？」老同學討了個沒趣，只好作罷。

有關「開門七件事」的趣味詩

開門七件事「柴米油鹽醬醋茶」，是古代中國平民百姓日常生活所離不開的，大家每天必須為之而奔波與打拚，流傳至今已成為諺語了，用來形容每天的必需開支。

柴、米、油、鹽、醬、醋、茶，自古以來就被人們合稱為「開門七件事」，意思是說，不論貧賤富貴，從早上一開門開始，一天的生活都離不開這七件東西。而宋朝人吳自牧編撰的《夢梁錄》中卻列了八件事：柴、米、油、鹽、酒、醬、醋、茶。不過，酒算不上人們每天的生活必需品，因而到了元代，「酒」漸漸被除去了，成為「七件事」。元劇中常有「早起開門七件事，柴米油鹽醬醋茶」的詞句。

在古代，一些風雅之士也免不了為這「開門七件事」而惆悵滿懷。喜歡塗鴉文字的他們，曾寫下了一些有關「七件事」的饒有趣味的詩，儘管這些趣味

中夾雜著些許苦澀。

最早寫「開門七件事」的詩，見於元人雜劇《劉行首》二折：「教你當家不當家，及至當家亂如麻；早起開門七件事，柴米油鹽醬醋茶。」明朝著名畫家、詩人唐伯虎曾在新舊之交的除夕夜，寫下來一首〈除夕口占〉：「柴米油鹽醬醋茶，般般都在別人家；歲暮清淡無一事，竹堂寺裡看梅花。」

有一首無名氏之作也寫到「開門七件事」，題為〈避債〉：「前門索債亂如麻，柴米油鹽醬醋茶；我亦管他娘不得，後門走出看梅花。」

另一首無名氏的〈無題〉也很風趣：「書畫琴棋詩酒花，當年件件不離它；而今七字都變更，柴米油鹽醬醋茶。」

還有一首無名氏題為〈百嘆〉的詩：「柴米油鹽醬醋茶，而今件件費綢繆；吞聲不敢長嗟嘆，恐動高堂替我愁。」

古代還有一位主婦以〈開門諸事〉為題寫給花心丈夫的一首詩，頗有才華：「恭喜郎君又有她，儂今洗手不當家；開門諸事都交付，柴米油鹽醬與茶。」

隨社會進步和人民生活水準不斷提升，開門七件事都隨之而進步。在現代中國大多地區，柴已被石油氣、天然氣和煤氣等所取代。開門七件事在生活上所花的時間已大不如前了。如今開門七件事的含義已與古時有別，主要泛指與人民有切身利益的必備事情。

妙語連珠的幽默大師林肯

出身窮苦的亞伯拉罕・林肯，曾多次面對挫敗，八次競選八次落敗，兩次經商失敗，甚至還精神崩潰過一次。然而面對這些，他並沒有放棄，最終成為美國歷史上最偉大的總統之一。

林肯以極富幽默感聞名於世。但是，這位總統先生直到十五歲才開始認字，而且所受學校教育加在一起也不足十二個月，不過，這絲毫不妨礙當他講故事時，「常常是兩三百人成群地圍在他身邊，幾小時都捧腹大笑不止」。

不論是才華橫溢的作家、老謀深算的政客、遠道來訪的外國元首，還是窮鄉僻壤的純樸農民，都為林肯的幽默口才所折服。他被人們公認為是美國總統中唯一一位與馬克・吐溫和威爾・羅傑斯一脈相承的真正幽默大師。

早在林肯讀書時，有一次考試，老師問他：「你願意答一道難題，還是兩道容易的題目？」

林肯很有把握地答：「答一道難題吧。」

「那你回答，雞蛋是怎麼來的？」

「雞生的。」

老師又問：「那雞又是從哪裡來的呢？」

「老師，這已經是第二道題了。」林肯微笑著說。

林肯在當上美國總統前，曾經擔任軍隊裡的一名士官。他所在部隊的上司是個不到一百五十公分高的矮上校，林肯的個子卻很高。訓練時，林肯時常彎下腰，以便注意上校發出的號令。矮上校不喜歡手下人彎腰駝背，於是常要矯正林肯的姿勢：「林肯，把頭抬高，再抬高些！」

「是！上校！」林肯應道。

「高個子，抬起頭！」上校又喊著。

林肯忍不住委屈地問：「我是不是要經常保持高姿勢？」

「是的，一點沒錯。」

「那麼，」林肯一臉苦笑地說：「永別了，我再也看不見你了。」

林肯當過律師。有一次出庭，對方律師把一個簡單的論據翻來覆去地陳述了兩個多小時，講得聽眾都不耐煩了。好不容易才輪到林肯上臺替被告辯護，他走上講臺，先把外衣脫下放在桌上，然後拿起玻璃杯喝了兩口水，接著重新穿上外衣，然後再脫下外衣放在桌上，又再喝水，再穿衣，這樣反反覆覆了五六次，法庭上的聽眾笑得前俯後仰。林肯一言不發，在笑聲過後才開始他的辯護演說。

西元一八六〇年，林肯與美國當時的民主黨候選人史蒂芬・道格拉斯競選總統。道格拉斯倚仗財勢，專門準備了一輛競選列車，還在車後安裝了一門禮炮，所到之處，都要鳴炮三十二響。然而，競選的結果卻是窮小子林肯擊敗了大富豪道格拉斯，當上了美國第十六屆總統。

林肯為什麼在競選中獲勝呢？

原來在競選中，林肯始終坐著一輛耕田用的馬車，深入選民中，親切地與選民交談。他在競選演講中，每次都說：「如果大家問我有多少財產，那麼我告訴各位，我有一位妻子和三個兒子，都是無價之寶。此外，還有一個租來的辦公室，室內有桌子一張、椅子三把，牆角還有大書架一個，架上的書值得每個人一讀。我本人既窮又瘦，臉很長。我實在沒什麼可依靠的，我唯一的依靠是你們！」

林肯這番誠實而幽默的話打動了選民的心，因而競選成功。

林肯當上總統後，由於出身低微，總有政敵想方設法地來侮辱他。在一次公開場合，他收到下面傳來的一張紙條，上面寫著「笨蛋」兩個字。林肯看後，微笑著回擊說：「我們這裡只寫正文，不記名。而這個人只寫了名字，沒寫正文。」

林肯的妻子做了總統夫人之後，脾氣愈來愈暴烈。她不但隨意揮霍，還常對人大發淫威，一會兒責罵裁縫收費太高，一會兒又痛斥雜貨店的東西太貴。有位吃夠了總統夫人苦頭的商人找林肯訴苦。林肯苦笑著聽完商人的訴說，最後無可奈何地對商人說：「先生，我已經被她折磨了十五年，你忍耐十五分鐘不就完了嗎？」

南北戰爭時，在一次有關兵力問題的討論中，有人問林肯，南方軍在戰場上有多少人。「一百二十萬。」林肯回答說。這個數字遠遠超過了南方軍的實際兵力。

望著周圍一張張充滿驚愕和疑慮的臉，林肯接著說：「沒有錯——一百二十萬。你們知道，我們的那些將軍們每次作戰失利後，總是對我說寡不敵眾，敵人的兵力至少多於我軍三倍，而我又不得不相信他們。目前我軍在戰場上有四十萬人，所以南方軍是一百二十萬，這毫無疑問。」

一次，林肯步行到城裡去。一輛汽車從他身後開來時，他揚手讓車停下來，對司機說：「能不能替我把這件大衣捎到城裡去？」

「當然可以，」司機說，「可是我怎樣將大衣交還給你呢？」

林肯回答說：「哦，這很簡單，我打算裹在大衣裡頭。」

司機被他的幽默所折服，笑著讓他上了車。

林肯的臉較長，他自認不太好看。一次，他和道格拉斯辯論，道格拉斯譏諷他是兩面派。林肯答道：「要是我有另一副面孔的話，我還會戴這副難看的臉嗎？」

有一次，林肯在擦自己的皮鞋。一個外國外交官向他走來，看到總統親自做粗活，驚奇地說：「總統先生，您竟然擦自己的皮鞋？」「是的，」林肯故作詫異地反問：「難道你擦別人的皮鞋？」

有個政敵老是和林肯過不去，林肯曾當眾發誓，一定要消滅這個政敵。可過了不久，大家發現林肯和這個政敵很親熱地在街上交談。有人就走過去問林肯：「你不是說要消滅這個政敵嗎？」

林肯爽朗地回答：「是啊，我沒有食言，政敵已經消滅了。你看，現在哪還有什麼政敵呢——我們已經是好朋友了。」

一些朋友們正在談論究竟腿長好還是腿短好，這時林肯進來了，他們就問他的意見。「嗯。」林肯深思片刻後認真地說：「我認為一個人的腿應該長得能夠挨著地。」

一天，有人告訴林肯，有一位稅務官剛剛去世，問自己能不能代替他的位置。林肯回答說：「如果殯儀館沒有意見，我當然也不會反對。」

又有一天，來了一位胡攪蠻纏的求職者，他對林肯說，他曾經為林肯的當選做出過積極貢獻，也就是說，由於他的努力使得林肯當上了總統，所以，他有理由在林肯手下謀求一個職位。

「這麼說是你使我當上了總統，是嗎？」林肯眨著眼睛問道。

「我想我是這樣做了。」

「那你給我帶來的是麻煩，這還有什麼可表示感謝的呢！」

有個代表團勸林肯任命他們推薦的人擔任桑德威奇的專員。他們說，這個人不僅有能力，而且身體虛弱，那個地方的氣候對他會有好處。「先生們！」林肯嘆道，「十分遺憾，另外還有八個人已經申請了這個職位，他們都比你們說的這個人病重。」

看到透過關係來謀職的人越來越多，林肯靈機一動，於是在一次很多人參加的演講中向大家講述了這樣一個故事：

「很久很久以前，有一個國王，突發奇想要辦一次規模宏大的打獵盛會。國王對這次活動非常重視，事前的準備工作也做得非常周全。當一切就緒，國王專門召來學識淵博、專司天象的大臣，讓他推算一下明天是否會下雨。大臣不敢有絲毫懈怠，經反覆認真地推算，他非常自信地告訴國王，明天將是一個陽光燦爛的好日子。

第二天，果然碧空如洗，萬里無雲。浩浩蕩蕩的王室打獵隊伍出發了。在城門口，他們遇到了一位騎著毛驢的農夫。農夫告誡國王，要他趕快停止這次的打獵之旅，因為今天將有一場特大暴雨。國王對面前這位衣著破舊、一臉土氣的農夫的話置之一笑，完全沒把他的勸告當回事。打獵隊伍繼續前行，等他們剛到打獵地點，原本晴朗的天空，突然濃雲密布，片刻之間，大雨傾盆而下，連同國王在內的所有人都被淋成了落湯雞。

國王一回到王宮，立即解除了那位博學大臣的職位，並將他送進了大牢。國王派人召來了那位農夫，詢問道：「早上的天氣那麼好，你怎麼知道會有暴雨呢？」農夫誠實地回答道：「尊敬的陛下，坦白說，我對此毫無所知。但我的驢有這個本領，每當牠的耳朵向前伸的時候，老天就要下雨了。」

國王付給農夫一筆巨大的錢財，從他的手中將那頭驢買了過來，並讓牠取代了博學大臣的職位，成為歷史上第一頭當上了大臣的驢。」

林肯在講完這個故事後，故意加重語氣說道：「但是，我可以肯定地斷言，這個國王犯下了一個巨大的錯誤！」

迷惑不解的聽眾們都豎起耳朵想知道其中的理由。林肯這才將他講述這個故事的目的說了出來：「因為，從那時候開始，每一頭驢都想謀個一官半職！」

林肯於輕鬆幽默中巧妙地表達出自己的觀點。自此以後，那些熱衷於靠關係謀職的人都收斂了許多。

蔡斯狂熱地追求最高領導權，本想入主白宮，不料落敗於林肯，只好退而求其次，想當國務卿。林肯卻任命了西華德，無奈，只好坐第三把交椅——當了林肯政府的財政部長。為此，蔡斯一直懷恨在心。不過，這個傢伙確實是個大能人，在財政預算與宏觀調控方面很有一套。

後來，目睹過蔡斯種種形狀，並搜集了很多資料的《紐約時報》主編亨利·雷蒙德拜訪林肯的時候，特地告訴他蔡斯正狂熱地上竄下跳，謀求總統職位。

林肯以他一貫特有的幽默對雷蒙德說：「亨利，你不是在農村長大的嗎？那你一定知道什麼是馬蠅了。有一次，我和我兄弟在肯塔基老家的農場裡耕地，我吆馬，他扶犁。偏偏那匹馬很懶，老是怠工。但是，有一段時間牠卻在農地裡跑得飛快，我們差點都跟不上牠。到了地頭，我才發現，有一隻很大的馬蠅叮在牠的身上，於是我把馬蠅打落了。我的兄弟問我為什麼要打掉牠，我告訴他，不忍心讓馬被咬。我的兄弟說：『哎呀，就是因為有那傢伙，這匹馬才跑得那麼快啊。』」

然後，林肯意味深長地對雷蒙德說：「現在正好有一隻名叫『總統欲』的馬蠅叮著蔡斯先生，那麼，只要牠能使蔡斯那個部門不停地跑，我還不想打落牠。」

林肯對中國的古代笑話也很瞭解。在赴蓋茲堡演說的路上，林肯的車被水泄不通的人流堵得無法前進。因為大家都爭著去蓋茲堡聽林肯演講，所以交通自然就被堵塞了。這時，林肯探出腦袋大聲說：「中國古代有個囚犯要被砍首，但囚車卻被蜂擁著去看熱鬧的人堵在半路了。這時，囚犯高喊著：『請大家讓

開吧，我去不了，你們看什麼呀！』」

語畢，擠在路上的人們都笑彎了腰。於是大家紛紛主動地給總統讓道。林肯終於順利來到了蓋茲堡，做了那場雖然只有三分鐘卻千古流芳的著名演講。

史海探祕篇

是伯樂，也是好好先生

三國時期群雄並起，朝野上下可謂人才濟濟。世有伯樂，而後才有千里馬。若沒有伯樂的慧眼發現，再有能耐的千里馬也難免會鬱鬱終老於普通的馬廄之下，沒有機會去廣闊天地大有作為，去施展自己風馳電掣的突出才能。

那麼，誰是三國第一伯樂呢？

司馬徽，時人稱之為水鏡先生，史稱其「一生清雅，善知人」。

這位伯樂慧眼獨具，他第一個說出「臥龍、鳳雛，兩人得一，可安天下」，並把「臥龍」諸葛亮、「鳳雛」龐統、徐庶三位曠世奇才都推薦給了求賢若渴的劉備，可謂功高至偉。

他是三國時期當之無愧的第一伯樂。放眼能人輩出、賢士群星燦爛的三國，在發現人才方面，無人能與之比肩。

《三國演義》中說，劉備落難的時候，路經水鏡莊，司馬徽向劉備推薦諸

葛亮、龐統兩人，說：「臥龍、鳳雛，兩人得一，可安天下。」劉備想請司馬徽出山相助，司馬徽自稱是山野閒人，不堪世用，謝絕邀請。後司馬徽推薦徐庶去找劉備，劉備知徐庶乃一奇才，認其為軍師，後又經徐庶推薦，劉備方知臥龍諸葛，於是才引出了「三顧茅廬」的千古佳話。史書《三國志》也對此有記載。

司馬徽，字德操，潁川陽翟縣（今河南省禹州市）人，北方戰亂，他寓居襄陽。與襄陽大名士龐德公、黃承彥以及流寓到襄陽的徐庶、崔州平、石廣元、孟公威、諸葛亮等均有交往，關係甚密。《三國志．蜀書．龐統傳》中說，龐統十八歲時曾會見過司馬徽，司馬徽與龐統私交甚篤，並稱呼龐統為弟。

司馬徽屬於閒雲野鶴、與世無爭類型的人物，松形鶴骨，器宇不凡，峨冠博帶，道貌非常，且琴藝甚高。

《世說新語．言語篇》注引《司馬徽別傳》，記載有司馬徽的趣事：東漢末年的司馬徽是個出名的「好好先生」，他與人交談時，從不談論別人的不是，無論好事壞事，一概說好。有人問候他：「近來身體如何？」他回答：「好。」有人向他訴說自己最近剛剛死了兒子，他回答：「很好。」他的妻子責備他：

「別人認為你的品德好，所以才把這件事告訴你。可你為什麼聽說別人死了兒子，反倒說好？」誰知，司馬徽聽了妻子的話後回答說：「像妳這樣的意見，也很好！」（原文：其婦諫曰：「人質所疑，君宜辯論，而一皆言佳，豈人所以諮君之意乎！」徽曰：「如君所言，亦復佳。」）

於是，司馬徽便成了「好好先生」的代名詞。其實，縱觀歷史上的司馬徽，是小事不分心、大事不糊塗的大才。

建安十三年（西二〇八年）七月，曹操南征，劉琮率荊州降曹，司馬徽也為曹操所得，欲大用，但司馬徽堅決不從，不久他便病死了，曹操深為之遺憾。

從瘟神轉變為財神的趙公明

在民間，除了趙公明外，另有三位歷史人物被尊為財神：

一是商紂王的叔父比干，他忠耿正直，反對紂王暴虐荒淫，被紂王開膛取心，即著名的「比干剖心」故事。民間傳說他沒有「私心」，所以辦事公道。

二是范蠡，他本是春秋時期越王勾踐的謀臣，使「美人計」，助勾踐滅吳復國，完成霸業。但他意識到越王「可與共患難而不可共處樂」，於是隱姓埋名，四海經商，最後定居陶邑（今山東省定陶區），人稱「陶朱公」。他經商發過大財，又盡散其財。

三是關羽，本是三國時蜀國大將。小說《三國演義》中，他身陷曹營，不為金銀、美女、利祿所動，最後「掛印封金」而去。明清時期，他已被視為忠義千秋、威力無比的「伏魔大帝」、「關聖帝君」。近代商家，將上述四人分別尊為「文財神」（范蠡、比干）和「武財神」（趙公明、關羽）。

除上述幾位外，民間供奉的財神還有財帛星君，也稱「增福財神」，其繪像經常與「福」、「祿」、「壽」三星和喜神列在一起，合起來為福、祿、壽、財、喜。財帛星君臉白髮長，手捧一個寶盆，「招財進寶」四字由此而來。一般人家春節必懸掛此圖於正廳，祈求財運、福運。

還有一些地域色彩很濃的財神，如舊時揚州邗溝大王廟，供奉吳王夫差和漢代吳王劉濞。夫差開邗溝，劉濞「煮鹽東海，鑄錢銅山」，對揚州歷史開發做過貢獻，所以也被當地人當財神供奉。五顯財神信仰則流行於江西德興婺源一帶。有兄弟五人封號首字皆為「顯」，故稱「五顯財神」。生前劫富濟貧，死後仍懲惡揚善，保佑窮苦百姓。

在各路財神中，名氣最大的是趙公元帥趙公明。民間所供趙公明財神像皆頂盔披甲，著戰袍，執鞭，黑面濃鬚，形象威猛。周圍常畫有聚寶盆、大元寶、寶珠、珊瑚之類，以加強財源福輳之效果。

《辭海》上說：「財神，相傳姓趙名公明，秦時得道於終南山，道教尊為『正一玄壇元帥』。亦稱趙公元帥趙玄壇，秦時避亂，隱居終南山。其像黑面濃鬚，頭戴鐵冠，手執鐵鞭，坐騎黑虎。故又稱『黑虎玄壇』。傳說能驅雷役電，除瘟禳災，主持公道，求財如意。」

《中國大百科全書．宗教》上說：「俗祀財神為趙公明，亦稱趙公元帥，趙玄壇。相傳為終南山人，秦時避亂，隱居終南山。精修得道，能驅雷役電，除瘟剪瘧，去病禳災，買賣求財，使之宜利。神像頭戴鐵冠，一手舉鐵鞭，一手持翹寶，黑面濃鬚，身跨黑虎，全副戎裝……俗以三月十五日為神誕，祀之能令人致富。民間奉祀，或於正月初去財神廟敬祀，或在家迎接財神帖子，或在店堂由人裝扮的財神登門。」

在晉代以前，趙公明和財神一點也不沾邊，他只不過是天帝手下的一員大將，專司冥間職事，是勾取人命的。到隋唐時期，趙公明的權力增大了一些，成為「瘟神」，如《列仙全傳》中就說他為八部鬼神之一，專行下痢，散毒噓禍，暴殺萬民，禍害人間。唐宋及其以前諸書如《搜神記》、《真誥》、《太上洞淵神咒經》等，都把趙公明描繪為五瘟之一。

筆者考證，直至元代成書明代略有增纂的《道藏．搜神記》和《三教搜神大全》，始稱趙公明為財神。《三教搜神大全》卷三云：「趙元帥，姓趙名朗，字公明，終南山人也。自秦時避世山中，精修至道。後在道教神話中成為張陵修煉仙丹的守護神，玉皇授以正一玄壇元帥之稱，並成為掌賞罰訴訟、保病禳災之神，買賣求財，使之宜利。故被民間視為財神。其像黑面濃鬚，頭戴鐵冠，手執鐵鞭，身跨黑虎，故又稱黑虎玄壇。」

不過，趙公明成為財神的初期，知名度並不高，他是靠明代通俗小說《封神演義》的大肆渲染描繪，才成為一位家喻戶曉的人物。在《封神演義》中，趙公明原本是峨嵋山羅浮洞中的一位仙人，被商紂王的太師聞仲請去助商抗周。趙公明法力無邊，曾把姜子牙集團打得落花流水，後經姜子牙的師父元始天尊出手，才滅掉了趙公明。

姜子牙滅商後，在封神臺上大封諸神，也封給趙公明一個神位：金龍如意正一龍虎玄壇真君。他的職責是率領部下四位正神，迎祥納福，追逃捕亡。趙公明的職守為「迎祥納福」，他的部下為「招寶」、「納珍」、「招財」、「利市」（招寶天尊蕭升、納珍天尊曹寶、招財使者陳九公、利市仙官姚邇益），統管人間一切財富。趙公明成了名副其實的財神，正是從這時開始的。

趙公明由凶神發展為財神，並非是偶然的，這反映了中國古代的民族文化心理。古代中國人歷來以農為本，以商為末，就連造神，也挑選有劣跡的神去

充當財神，這恐怕多少反映了中國傳統文化對「財」、「利」的輕視。加上封建社會流行無商不奸的俗念，上層社會認為經商者的地位低賤，財神爺也自然就門庭冷落。及至明代中期，資本主義開始萌芽，言利不再為人恥笑。商品經濟長足發展，財神爺的地位也就隨之大大提高。而且，經商本身帶有較大的冒險性，商人們也需要求助於神靈的「說明」，使精神有所依託，這才是財神爺大受追捧的真正原因。

真是造化弄人。趙公明這個具有很大法力的「瘟神」，起初被安排成毫無社會地位的財神，後又隨著社會經濟的發展，被時代的大潮推上了萬民擁戴、頂禮膜拜的寶座。不但財神趙公明大受歡迎，連他的兩位助理「招財」和「進寶」也得到供奉。善良淳樸的老百姓們千方百計地「收買」財神，請祂賜自己財富或賺錢的好運氣。在許多地方農家的牆上常常可看到這樣幽默的財神年畫：印刷精美的趙元帥像，祂的坐騎黑虎下仍堆著金元寶，背景卻是影印的美金、歐元、日幣……

古代的稿費有多高？

稿費是近百年才有的新詞，稿費在古代叫做潤筆。這個稱呼來自於隋朝，《隋書．鄭譯傳》有一則故事：鄭譯為皇上擬詔書，有人戲稱他「筆乾了」，鄭答：「不得一錢，何以潤筆？」以後把稿費、書畫酬金稱為「潤筆」。

西漢武帝時，陳阿嬌皇后被貶至長門宮（冷宮），終日以淚洗面，遂輾轉想出一法，命一個心腹內監，攜了黃金千斤，向大文士司馬相如求得代作一篇賦，請他寫自己深居長門的閨怨。司馬相如得悉原因，揮毫落墨，落筆千言。這賦便叫〈長門賦〉，訴說一深宮永巷女子愁悶悲思，寫得委婉悽楚：「……懸明月以自照兮，徂清夜於洞房；忽寢寐而夢想兮，魄若君之在旁……」漢武帝讀了受感動，陳皇后重新得寵。

〈長門賦序〉云：「孝武皇帝陳皇后時得幸，頗妒。別在長門宮，愁悶悲思。聞蜀郡成都司馬相如天下工為文，奉黃金百斤為相如、文君取酒，因於解

悲愁之辭。而相如為文以悟主上，陳皇后復得親幸。」那時還沒有潤筆這個規矩，陳皇后是以向卓文君買酒的方式送黃金的，算是一種變相的支付稿費吧。

明末清初的大學者顧炎武《日知錄》考證，東漢蔡邕以文學、書法冠絕當時，尤擅長製作碑文題記，上門求索者甚眾，「非利其潤筆，不至為此」。

南宋學者洪邁在《容齋隨筆》中說：「作文受謝，自晉、宋（這裡是指南朝的劉宋政權）有之，至唐始盛。」也就是說，到了唐代，潤筆就成了一種約定俗成的文人寫作收入了，那個時代，有不少文人曾拿到過數目很可觀的潤筆，足以令今人羨慕不已。

名列初唐四傑之首的王勃，很善於寫文章，不但寫得快，而且文辭華麗。請他代筆寫文章的人有很多，因此，他家裡「金帛盈積」（《唐才子傳》記載）。

曾任北海太守的唐代書法家李邕，他不但書法寫得好，文章也一流，朝廷中的達官貴人和各地寺廟，紛紛拿著金錢請他寫文章。

李邕一生，這類文章寫過八百篇，「受納饋遺，亦至巨萬」。但他卻好尚義氣，愛惜英才，常用這些家資來拯救孤苦，周濟他人。

杜甫有詩描寫李邕家的豪華奢侈：「干謁走其門，碑版照四裔……豐屋珊瑚鉤，麒麟織成罽[9]。紫騮[10]隨劍几，義取無虛歲。」《新唐書》本傳上說，當時大家公認，自古以來，因為寫文章獲得錢財之多，沒有人可以比得上李邕。

唐朝憲宗年間，李愬曾出兵奇襲，雪夜克蔡州，活捉了地方「軍閥」吳元濟，這就是歷史上有名的淮西戰役。但淮西報捷後，韓愈為「平淮西碑」撰寫碑文，把功勞記在另一位大將韓弘身上，對李愬則一筆帶過。韓弘喜出望外，拿出五百匹絹贈韓愈。而淮西將士對此極為憤怒，李愬部將石孝忠冒死推倒了韓文碑。雖然韓愈寫的碑文表彰的對象有爭議，但此文確實寫得精彩備至，古意盎然，桐城派大家張裕釗讚：「此文自秦後，殆無能為之者。」此碑文如行雲流水，如大江出峽，汪洋恣意，一揮而就。文章之華美，可謂「下筆煙飛雲動，落紙鸞回鳳驚」。

韓弘高興得一次給了韓愈五百匹絹權作潤筆。按《中國物價史》第109頁所記唐朝開元盛世時物價，絹一匹值二百文，米一斗值十三文，韓弘寄給韓愈的五百匹絹，大致相當於七千六百九十斗米。又按左光明《中國度量衡考》第259頁所記唐朝量器，當時一斗米約有十三斤。現在買十三斤普通大米，大概需要二十六元人民幣，買七千六百九十斗則需要十九萬九千九百四十元人民幣。也就是說，韓愈一篇文章就拿了近二十萬元人民幣的稿費。

韓愈的這篇碑文，全篇只有一千五百零五個字，換言之，每個字至少一百三十二元人民幣。韓愈還寫了〈王用碑〉，王用的兒子饋贈韓愈一匹帶鞍的寶馬和一條白玉帶，均價值不菲。據說在韓愈死後，劉禹錫給他寫祭文，曾讚之：「公鼎侯碑，志隧表阡，一字之價，輦金如山。」

據洪邁《容齋續筆》第六卷記載，跟韓愈同時代的另一位著名寫手皇甫湜給裴度寫過一篇碑文〈福先寺碑〉，裴度贈送給他車馬綵繒已經很多，但是皇甫湜仍然很不滿意，說：「碑文三千字，每個字須三匹絹，你給的也太少了！」裴度於是又笑著送他九千匹絹。

皇甫湜是元和元年（西元八〇六年）進士，歷陸渾縣尉、工部郎中、東都判官等職。他是韓愈的學生，與韓處於師友之間，皇甫湜發展了韓文奇崛的一面。今傳《皇甫持正文集》六卷，文三十多篇。

9 罽：音同「記」，毛織地氈一類的物品。
10 紫騮：駿馬。騮，音同「留」。

唐朝後期著名詩人元稹過世，白居易給元稹寫了一篇墓誌銘。元稹的兒子為給白居易的這篇墓誌銘發像樣的潤筆，不惜拿出銀製的馬鞍、玉做的腰帶以及丫鬟、馬車和綾羅綢緞等好東西，折合銅錢六七十萬。白居易在他的〈修香山寺記〉中，曾詳實地記載了他反覆謝絕為老友元稹作墓誌的報酬，不成後遂將其捐獻用於修葺香山寺之事；元家給他的「輿馬、綾帛、及銀鞍、玉帶之物，價當六七十萬」，他全部捐給了香山寺，並稱「凡此利益功德，應歸微之（元稹的字）」。

趙翼在《陔餘叢考》中記載：杜牧撰〈韋大夫江西遺愛碑〉，得采絹三百匹。利之所在，人爭趨之，比如《蔡伯喈集》中竟然出現了為十五歲的幼童撰寫的碑文，比如趙令畤《侯鯖錄》中竟然有一位叫做馬逢的人天天盼望著別人死，好為其撰寫墓誌銘以獲得金錢。

成書於宋高宗紹興十五年的《宋朝事實類苑》，記錄了北宋太祖至神宗一百二十多年間的歷史。《宋朝事實類苑》記載，宋太宗為了獎勵宮廷文人，設筆專款「潤筆錢」，並「降詔刻石於舍人院」。宋代官俸較薄，皇家有此之設，也算是對文人的人文關懷了。

趙翼在《陔餘叢考》中還記載：宋代王寓在宣和七年（西元一一二五年）八月二十一日，一晚上寫了四道制文，宋徽宗給了他特優的酬勞，賞賜了不少堪稱無價之寶的御用之物。

北宋僧人文瑩撰寫的筆記《湘山野錄》卷上記載：翰林學士孫抃撰寫〈進李太后赦文〉，宋仁宗讀後「感泣彌月。明賜之外，悉以東宮舊玩密賚之」。皇帝要祕書寫公文尚有恩賜，則臣下例有饋贈更不待言。如北宋名臣寇準拜相時，楊億（字大年）撰寫制書，其中稱寇準「能斷大事，不拘小節」，寇準認為「正得我胸中事」，於是給作者「例外贈百金。」

明代的潤筆，初期為個別現象，至中後期則逐漸成為一種普遍的社會現象。潤筆對明朝中期以後的文化作品商品化，起到了推波助瀾的作用。翻開明代中期以後官員的文集，像嚴嵩、海瑞、張居正、汪道昆、王世貞等，不管是傾朝權貴，還是清正官紳，文集中都充斥了應酬性文章，其中相當一部分是收了費的。即如海瑞，其閒居在家，有薄田四十餘畝，卻也為人作文，接受饋贈。如接受瓊州府官員、書生以及鄉紳請託，作〈贈史方齋升浙藩大參序〉、〈贈總督府洋山陵公羅旁序〉、〈贈大尹吳秋塘德政序〉等歌功頌德之文數十篇，作〈壽顧母何氏八十三序〉、〈賀屈元禮生子序〉等頌壽賀生之文數篇，以及〈內江龔氏譜序〉和〈汴水尋源卷序〉等，都是有酬謝的。

明代的潤筆之風更盛。清初，病危的錢謙益，利用黃宗羲的文筆與自己的名氣，三篇文章所得的潤筆竟達三千兩白銀，這三篇文章是墓誌銘、詩序和莊子注序。

清代的鄭板橋晚年所寫就的妙文〈板橋潤格〉，更是對自己作品的潤筆明碼標價，他自訂潤筆費標準、拒收禮物，且作詩說：「畫竹多於買竹錢，紙高六尺紙三千，任渠話舊任交接，只當秋風過耳邊。」其六親不認，只認現銀的姿態確實是驚世駭俗的。據考證，鄭板橋寫下〈板橋潤格〉的乾隆中葉，每兩銀子約合五百文，每斗米價值六十文。也就是，鄭氏每作一大幅，可買米五十斗，亦即一千斤米左右。

揭祕中國古代的整形美容術

整形手術對於多數人來說還是一門相對神祕的技術。提起整形，我們往往會想到韓國的整形技術，認為這是一門現代醫學技術。而事實上，在中國古代就已經有了「整形」，人工「酒窩」、唇裂修補術等整形技術當時在世界上已達到非常高的水準。而手術療法則在三國時期以華佗為代表的中醫學家就開創了這門技術。

愛美之心人皆有之，古人自然也概莫能外。當人們對自己的外貌不滿，或者想要更完美時，整形美容術作為一種醫學手段，在人們的生活實踐中逐漸產生。翻閱史料可以發現，漢代以前中國就已經有了關於整形美容術的記載。而且，無論中國還是其他國家，人體的整形美容術最初都是從耳環、鼻環、紋身和人造圖案等形體裝飾開始的。

據史料記載，中國在漢代以前就有了穿孔吊環術，即民間盛行以審美為目的的穿耳、戴耳環的習俗。

但最初的樣式並非像現代這樣的耳環，而是腰鼓形的，其戴法也與後世不同，它是從耳垂孔直接橫插進去，露其兩端在耳外，以顯其美。之後，才逐漸發展為各種式樣的現代吊環。

早在西元三世紀，晉代的整形美容術已經得到了很大的發展。東晉名醫葛洪著的《肘後備急方》，是中國第一部臨床急救手冊與中醫治療學專著。該書共八卷，七十篇，原名《肘後救卒方》，簡稱《肘後方》。在這部《肘後備急方》中，記載了用鮮雞蛋清做面膜，以治療面部疤痕的方法。之後還有以豬蹄熬成膠體狀物做面膜等多種方劑和方法的記載。

酒窩，亦稱笑窩或笑靨，可以在臉上許多地方出現，多數人出現在臉頰，其次是在嘴角旁。

在中國古代詩人的詩句中，常把酒窩作為女性容貌美的象徵。臉頰上的酒窩被東方女性認為是美的點綴，被西方人看作是女性魅力的標記。如今，隨著整形美容業的發展，人造酒窩已經可以達到以假亂真的程度。但是，你知道唐代就有人工「酒窩」嗎？

唐詩中有「當面施圓靨」的佳句；徐陵的〈玉臺新詠序〉中也有「北地燕脂（即胭脂），偏開兩靨」的讚語。所謂「當面施圓靨」，就是以某種化妝品在嘴角處加兩小點胭脂，取「兩頰點妝靨」之意，仿若「酒窩」一般。但在中醫書中對「靨」又有類似「痘痕」之解，在《普濟方》和《衛生易簡方》等醫藥書籍中還有許多「治靨方」的記載。當然，無論「靨」字做何種解釋，都說明了其作為整形美容術的一種手法，至少在唐代已經被採用。

美容磨削術在中國起步也很早，其最早的史料記載見於北宋。北宋時期有一部醫書名曰《聖濟總錄》，由太醫院所編，共二百卷，分六十六門，每門又分若干病證，闡述病因病理，是北宋時期搜方較多的醫學全書。《聖濟總錄》裡就記載了用玉磨治療面部疤痕的事例，成為現代磨削術的先導，在以後的醫著中也都有類似記述，而國外最早的報導則見於西元一九〇五年。

義眼（裝假眼）作為一項很重要的眼部整形美容術，在中國南宋時期就已出現，並留下了這方面的記述。如元代陶宗儀撰《南村輟耕錄》所載，南宋時「杭州張存，幼患一目，時稱張瞎子，忽遇巧匠，為之安一磁眼障蔽於上，人皆不能辨其偽」。「巧匠」為張瞎子裝假眼使「人皆不能辨其偽」，可見南宋時的義眼術已經相當高明，完全可以以假亂真。

《南村輟耕錄》的成書過程很有趣。作者陶宗儀勤於讀書與寫作，身上總是隨身帶著筆墨，就是下田勞作也不例外。輟耕時，在樹下休息，就將收集到的各類史料、文獻、資料，以及社會傳聞、讀書心得等記錄下來，將稿子儲存在甕中。前後寫了十年，積了十甕稿子。之後在學生的幫助下，抄錄編纂，整理成書，共三十卷，取名《南村輟耕錄》。另有人說，陶宗儀為了記載資料，將樹葉當作紙，《南村輟耕錄》是寫在樹葉上的書。

《晉書．魏詠之傳》中記載了「詠之生而兔缺」（先天性唇裂），後來荊州刺史殷仲堪手下有個醫生，專門給人做修兔唇的手術。每次做完手術後，都告訴病人暫時只能吃稀飯，要注意少說話；唐代有名叫方干的詩人，因唇部殘缺，科舉屢試不中。後來遇到了做兔唇修補的專家，幫助其修補成功，此後方干便專心做學問和著述，縱情山水自娛。

明清時期的整形美容術有了很卓越的發展，明代《瘍醫準繩》、清代《瘍醫大全》等醫籍中，都有關於唇裂修補術的記載。

清代顧世澄在《瘍醫大全》中記載：「整修缺唇，先將麻藥塗缺唇上，以

一鋒刀刺唇缺處皮，即以繡花針穿絲線訂住二邊皮，然後擦上調血之藥，三五日內不可哭泣與大笑，又怕感冒打噱，每日只吃稀粥，肌肉生滿，去其絲線，即合一唇矣。」從這一兔唇修補中，足見中國當時美容整形技術之水準。而在康熙二十七年間，琉球國曾派魏士哲醫生來到中國福州，向福州名醫黃金發學習唇裂修補術，回國後給皇室人員做整形美容術。

此外，《老子》有云：「天食人以五氣從鼻入，地食人以五味從口入。」鼻子是隆起於臉部正中的嗅覺器官，也是呼吸的孔道。其美觀與否，對一個人的整體形象很重要。有大缺陷的鼻梁，自然需要修補。讓人驚奇的是，在中國元代就出現了鼻梁修補術，可見古人對臉部美容的重視。

除了義眼術、唇裂修補術等古代整形美容的有益實踐，在中國古代的整形美容術中亦有糟粕。

與古代西歐女性習慣束腰和在十八世紀後期英國女性效仿伊莉莎白一世女皇用鉛粉擦臉以資美容，而造成眾多婦女中毒身亡等有害美容類似，中國古代在貴族女性中也出現了「纏足」等整形美容術。據史料記載，南唐李後主「令宮嬪官娘以帛纏足，屈上作新月狀，著素襪行舞蓮中，迴旋有凌雲之態」。於是宮女們競相效仿，並很快普及到民間，到宋代已形成風尚。

這種另類的整形美容術給古代婦女的身心帶來沉重的摧殘，以傷害身體為美，實為一種陋習。

中國淵遠流長的中醫發展史表明，包括整形美容在內的中醫外科起步很早。早在三國時期以華佗為代表的中醫學家就開創了手術療法，但在後來很長一段時期未能得到應有的發展，歸結起來主要有三個原因：

一是受封建思想的禁錮，特別是禮教的約束。在古代儒家的倫理學著作《孝經》中，就宣揚了「身體髮膚，受之父母，不敢毀傷，孝之始也」。自漢代之後，這種觀念就深入人心且根深蒂固，因此整形美容就被認為是不孝無德的行為，以致封建統治機構下令禁做剖腹和屍解等「傷毀髮膚」的醫學舉措，視之為洪水猛獸，這就阻礙了中醫手術療法的發展，使之在漫長的歷史歲月中日漸式微。

二是由於中國古代的統治者歷來只有天下的觀念，而沒有世界的意識。換句話說，當時中國看不到有一個世界，不知道中國只是這個世界中的一分子而已。這就導致了中國古代的社會及其文化長期處於封建的封閉狀態，使醫學得

不到其他國家的先進科學技術的借鑒，固步自封，停滯不前。

三是因為中國古代的歷代統治者對醫學發展都不夠重視。由於長期處於農耕文化，經濟一直不夠發達，致使統治階級無力資助中醫學的發展與創新，從而使包括整形美容在內的中醫外科失去了應有的發展機會，起步早而發展慢。

梁山好漢為何不怕坐牢？

中國古代封建帝王掌握子民的生殺予奪大權，常以施恩為名赦免犯人。如在皇帝登基、皇帝駕崩、更換年號、皇帝生兒子、立皇后、立太子、皇帝打了大勝仗等情況下，常頒布赦令。天下大亂或者自然災害，也會大赦，因為自然災害的時候，民不聊生，犯罪現象就會增多，所以皇帝就大赦天下。也有一些情況正好倒過來，大豐收，經濟形勢很好，然後皇帝一高興，也宣布大赦，來緩解階級矛盾和社會矛盾。

根據史料記載，漢代以前並沒有發生過皇帝大赦天下的事情。大赦這個風氣是從漢朝開始的，到了唐朝和宋朝更不得了，天下大赦的頻率相當之高，大概平均十八個月，也就是1.57年，皇帝就要來一次大赦天下。所以，唐朝的徒刑，規定最高只有三年，也有道理，平均十八個月就會有一次大赦，判罪犯坐三年牢，實際上沒有意義的。由於唐宋時代都是一年半左右就大赦一次，所以唐宋

囚犯坐牢很少有能坐滿兩年的。

這樣我們就明白了《水滸傳》裡的那些梁山好漢，為什麼一有了人命案以後，往往是選擇出去避風頭，然後老老實實地等天下大赦。實在不行，他們也會選擇去吃官司，反正也坐不了幾年牢。宋江殺了妾室閻婆惜以後，後來要被刺配江州，父親宋太公對他說，你現在到江洲去，不要去做強盜，一年半載等到皇恩大赦下來，依舊回來父子團聚。筆者認為，《水滸傳》儘管是小說，但小說畢竟也是社會生活的反映。宋太公對兒子宋江說的「等到皇恩大赦下來」的「一年半載」，正好是唐宋大赦天下的平均時間：十八個月一次。

到了元代，大赦的頻率有所下降，大概就是平均二三年一次，還是比較頻繁的。到了明朝就大幅度降下來了，大約是平均五年多才來一次大赦，然後到了清朝，大赦就越來越少，平均十四年多才會大赦一次。而且清朝一般採取的大赦是打了折扣的，不是把罪犯的罪行全部赦免，而是給予普遍的減刑。

十八世紀法國啟蒙時代的著名思想家、法學家孟德斯鳩在他的名著《論法的精神》裡曾談到中國古代的皇帝大赦，對之批判了一通。他說，中國皇帝不講道理的，沒有邏輯性，因為皇帝也是最高法官，你判了他刑，你怎麼又去赦免他，他覺得這個不正常，因為在歐洲，判刑是法官判的，然後國王做為最後的公正主持者，來赦免罪犯。

近代各國也有大赦，但與中國古代的大赦已大為不同，不是出於恩典，而是國家的刑事政策。大赦的適用範圍最廣，凡在某一時期內犯一定之罪的，都可適用，而不以特定的人為限。大赦的赦免效力也最大，它不僅免除刑的執行，而且使罪、刑從根本上消滅，凡受大赦赦免的，不存在前科。由於大赦是國家的一項重大行動，通常是由國家元首或國家最高權力機關以命令方式宣告，而不由司法機關決定。

《百家姓》中排第二的為何是錢姓？

「錢」之為姓，是跟金錢有關係的。《通志．氏族略》上面記載說：「顓項帝曾孫陸終生彭祖，彭祖裔孫孚，周錢府上士，因官命氏。」周代的錢府上士，是一種官名，專管朝廷的錢幣，結果顓項帝的一位叫做孚的後代當了這個官後，就乾脆拿官名當作自己的姓。這就是錢姓的由來。

根據《通志》的這段記載，後人還可以發現這樣一段淵源：原來，姓錢的老祖宗孚，是彭祖的直系孫子，錢、彭原是一家人，所以有些地方，這兩姓是不准通婚的。

歷史上，錢氏人才輩出。最早出現在史書上的，是錢丹和錢產兩個人，他們都是戰國時代人，錢丹是著名的隱士，錢產則是秦國的御史大夫。

到了唐朝天寶年間，江浙吳興的錢家，出了一名大才子錢起，曾被譽為「大曆十才子」之一。錢起博學多才，他的詩作得尤其好，一句「曲終人不見，江上數峰青」赴舉時被主考官認為有如神助，多年來更是膾炙人口。

唐代官拜光祿卿的錢朗據說是一個活了一百七十歲的壽星。據說，錢朗在退休後，歸隱廬山，無意之中得到了補腦還元之術。所以，當他的元孫都已白髮蒼蒼時，他卻仍然「猶如童子」，一直活到一百七十歲。

北宋時期，產生了一部《百家姓》。姓氏的排列依次是趙、錢、孫、李、周、吳、鄭、王……很顯然，這姓氏的排列並沒有按照姓氏人數的多少，那麼，它是參照什麼規律來排的呢？趙氏名列第一，是因為趙匡胤是皇帝。而在當時人數不多的錢氏為何排在第二呢？

在五代十國中，有一個吳越國，在今江蘇南部、浙江和福建北部一帶，其君主是被人們譽為「一劍霜寒十四州」的武肅王錢鏐。他治國有方，人們安居樂業，經濟富庶發達，是當時神州最為富裕的地方。後來，趙匡胤以武力消滅了八個國家，建立了北宋，只剩吳越國還沒有滅亡。面對趙匡胤強大的兵力和他統一中原的勃勃雄心，當時的吳越國王錢弘俶（錢鏐之孫）為了使生產力不遭破壞，生靈不受塗炭，尊承武肅王遺訓，做出了明智的選擇：取消自己的王位，將十三州一郡，八十六縣、五十五萬七百戶、十一萬五千的兵卒全部獻納

給宋朝，由此和平統一中原。人們為了緬懷這位以人民生命財產為重的錢氏國王，便把錢姓排在了《百家姓》的第二位，僅次於當時的皇姓趙。

還有一種說法：因為《百家姓》據說是宋朝初年錢塘地區一位名儒寫的，在宋朝尚未建立時，錢塘地區還屬於吳越國管轄，國王叫錢鏐。傳至錢弘俶時，歸順宋朝，那位執筆的名儒便將「錢」列在百家姓第二位，表示不忘故國。

揭祕歷史上真實的王重陽

喜歡看武俠作品的人，肯定記得金庸武俠名著《射鵰英雄傳》中第一次華山論劍時，黃藥師（東邪）、歐陽鋒（西毒）、段智興（南帝）、洪七公（北丐）、王重陽（中神通）五人在華山頂上鬥了七天七夜，最終王重陽擊敗四人獲勝，奪得了《九陰真經》。王重陽死後，各大高手對其所遺《九陰真經》的爭奪，是貫穿全書的一條主線。

歷史上確有王重陽其人，他原名中孚，字允卿，又字世雄，是道教重要派別全真教的創立者，北宋末京兆咸陽（今陝西省咸陽市）大魏村人，出生於宋徽宗政和二年（西元一一一二年），卒於宋孝宗乾道六年（西元一一七〇年）。

王重陽出身於一個「家業豐厚」的富裕家庭，自呼王三（排行第三）或王害風（意為瘋子）。他早年為儒生，善屬文兼擅騎射。金天眷初年應武選，中

甲科。任氣好俠，不治家業。相傳四十八歲時於甘河鎮遇仙，得修煉真訣，悟道出家，曾在終南山築墓穴居，自稱居處為「活死人墓」。

金大定七年（西元一一六七年）抵山東，先後在寧海文登、牟平、登州福山、蓬萊、萊州掖縣建立三教七寶會、三教金蓮會、三教三光會、三教玉華會、三教平等會，傳道說法。在寧海（今山東省牟平）講道時，他對被宋徽宗寵信的道士林靈素弄得喪失人心的傳統道教進行了改造，創立了全真教。

王重陽在山東傳教過程中收納了許多弟子，其中又以馬鈺（丹陽子）、丘處機（長春子）、譚處端（長真子）、王處一（玉陽子）、郝大通（太古子）、劉處玄（長生子）和馬鈺之妻孫不二（清靜散人）七人為翹楚，人稱北七真，也就是我們通常所說的「全真七子」。

王重陽死後，全真七子在北方廣泛傳播全真教，並且各立支派，即：馬鈺遇仙派、丘處機龍門派、譚處端南無派、劉處玄隨山派、郝大通華山派、王處一全真派、孫不二清靜派。這其中，又以丘處機及其龍門派影響最大。

王重陽文武雙全，其武功儘管並非金庸筆下所說的獨步天下，但其文才風流還是稱得上的，其傳世著作有《重陽全真集》，內收傳道詩詞約千餘首，另有《重陽立教十五論》、《重陽教化集》、《分梨十化集》等，均收入《正統道藏》。

他使道教從哲理上開創了一個新局面。王重陽融道、佛、儒思想於一爐，聲稱「儒門釋戶道相通，三教從來一祖風」。主張三教平等、三教合一，並以《道德經》、《般若心經》、《孝經》為全真道徒必修經典。王重陽不尚符籙，不事黃白，不信白日飛升，以修煉內丹為成仙證道的手段。其修煉法下手功夫重在「清靜」二字，認為「人心常許依清靜，便是修行真捷徑」，並主張修道者必須出家，除情去欲，忍恥含垢，苦行苦修。王重陽的修行方式客觀上很適合女真和蒙古統治者的需要。

金元之交，直至南宋覆滅的數十年間，是中國大地鐵騎縱橫、血火紛飛、生民塗炭的苦難年代，但也是全真道的鼎盛時期。這主要是因為這一時期女真和蒙古統治者入主中原，最傷腦筋的就是沒有好辦法化解民族矛盾，而王重陽的清修主張正好消磨漢人反抗異族統治的鬥志，有利於緩解民族矛盾和鞏固異族君主的統治地位，所以王重陽創立的全真派在金元兩個外族統治時代得到迅猛發展，並得到了官方的全力支持，王重陽也從而被元朝皇帝先後冊封為「重陽全真開化真君」和「重陽全真開化輔極帝君」。全真教是後期道教最大的派別之一，元代以來與正一派一起延續至今。

為官必讀的三十六字〈官箴〉語出何人？

「吏不畏吾嚴，而畏吾廉；民不服吾能，而服吾公。公則民不敢慢，廉則吏不敢欺。公生明，廉生威。」這是西安碑林博物館中一塊刻石上的三十六字〈官箴〉，多少年來，幾乎所有的為政者都對其熟知。這塊刻石為清人顏伯燾所有，西元一八二二年，他被任命為陝西延綏道臺，於是攜其父所刻〈官箴〉刻石上任，以示其嚴以律己、廉潔從政、一心為公之決心，也道出了天下所有廉吏的心聲。

旗幟鮮明宣導自身反腐的這三十六字〈官箴〉，不僅在當時發人深省，而且具有深遠的歷史意義，至今仍被奉為為政者的圭臬。那麼，它最早是出於何人之口，即著作權應該歸誰呢？

據考證，這則言簡意賅的三十六字〈官箴〉最早出自明初著名的學者、理學家曹端之口。曹端是河南澠池人，天資穎異，「少負奇質，知讀書」。明永樂六年（西元一四〇八年），三十三歲的曹端參加了河南鄉試，考中第二名；第二年，又參加了京城的會試，以副榜（乙榜）第一的身分，被授為山西霍州學正（主管學務的官員）。從此，曹端步入仕途，在從政、從教之餘，潛心理學研究，造詣頗深，其學以躬行實踐為務，而以存養性理為大端，對理學重要命題多有修正、發揮，《明史・儒林傳》稱他為「明初理學之冠」。

宋朝是中國理學的鼎盛時期。宋亡元興，漢文化受創，理學日漸式微。經過元末社會大動盪，又經歷了朱元璋與其子朱棣的多次殺伐後，程朱理學幾近絕種。志在「為天地立心、為生民立命」的曹端，便「首起崤澠間，倡明絕學」。

曹端高舉理學的大旗，並將之作為終生奮鬥的目標，其著述甚豐。主要著作有：《太極圖說述解》、《通書述解》、《西銘述解》、《四書詳說》、《性理文集》、《夜行燭》、《拙巢集》、《存疑錄》、《孝經述解》、《訓蒙要纂》、《家規輯略》、《錄粹》、《尤文語錄》、《儒學宗統譜》、《月川圖詩》、《月川詩文集》等。清代張璟又集曹端遺文八種，合刊為《曹月川先生遺集》。

倡興理學、躬行實踐的曹端，在為政方面，也頗有建樹。他除了勤奮從政外，還曾首倡「公廉」說。西元一四一四年，他的學生郭晟鄉試中試，被授西安府同知，上任前專門去拜別恩師，討教為官之道。曹端對他說：「其公廉乎！公則民不敢慢，廉則吏不敢欺。」

在曹端死後百餘年，明代另一學者洪應明在其所著《菜根譚》中，才提出了「公生明、廉生威」的說法。明代山東巡撫年富在曹端對學生郭晟的答語基礎上進一步創作，撰寫出了本文開頭的這則被後世廣為流傳的三十六字〈官箴〉。

明宣德九年（西元一四三四年）九月，曹端病死於霍州學正官署，享年五十九歲。他的死，使霍州人「罷市巷哭」，連兒童也都流淚哀傷。曹端為官清貧，無力歸葬，只好葬在霍州。明正統十二年（西元一四四七年），翰林學士黃諫捐資，才將曹端遷回其故鄉澠池曹滹沱村安葬，至今曹端墓尚存。

太平天國的兩大藏寶之謎

太平天國有兩個至今未能解開的藏寶之謎：一個是天京藏寶之謎，一個是石達開大渡河藏寶之謎。

轟轟烈烈的太平天國曾經盛極一時，但到了後期，卻腐化成風日漸衰敗，終於自己給自己敲響了喪鐘。這場聲勢浩大的農民革命不僅沒有促進當時中國社會的發展，反而帶來了更大的破壞和災難。

分析其失敗的主觀原因：一是農民階級的局限性，提不出切合實際的革命綱領，廣大將士參加革命的目的並不明確；定都天京後，領導者貪圖享樂，生活極其腐化，特權思想膨脹，鉤心鬥角，爭權奪利，造成人員分裂、政局混亂。二是戰略上的失誤。獨師北伐，無後勤保障，犯兵家大忌。客觀原因：中外反動勢力勾結起來，聯合絞殺太平天國。清廷有官軍，有強大的地主武裝，帝國主義有先進的武器，太平天國很難抵擋，其最終的失敗在所難免。

西元一八六四年，太平天國的末日終於來臨。首府天京（今南京）陷落後，湘軍如洪水猛獸般地進入天京，地毯式洗掠全城達三日之久，可稱得上是挖地三尺，撈盡了天國首府裡所有的浮財。

因「歷年以來，中外皆傳洪逆（清統治者對洪秀全的蔑稱）之富，金銀如海，百貨充盈」，湘軍領袖曾國藩與曾國荃兄弟懷疑還有更多財寶窖藏在地下深處。

湘軍攻克南京後，曾國藩奏報同治帝搜查「賊贓」的情況，說除了二方「偽玉璽」和一方「金印」，別無所獲。

且看曾國藩寫給朝廷的奏摺：「歷年以來，中外紛傳洪逆之富，金銀如海，百貨充盈；臣亦嘗與曾國荃論及，城破之日，查封賊庫，所得財物，多則進奉戶部，少則留充軍餉，酌濟難民。乃十六日克復後搜殺三日，不遑他顧，偽宮賊館，一炬成灰。逮二十日查詢，則並無所謂賊庫者。訊問李秀成，據稱：昔年雖有聖庫之名，實係洪秀全之私藏，並非偽都之公幣。偽朝官兵向無俸餉，而王長兄、次兄且用窮刑峻法搜刮各館之銀米。蘇州存銀稍多於金陵，亦無公帑積貯一處。唯秀成所得銀物，盡數散給部下，眾情翕然。此外則各私其財，

而公家貧困；等語。臣弟國荃謂賊館必有窖藏，賊身必有囊金，勒令各營按名繳出，以抵欠餉。臣則謂勇丁所得賊贓，多寡不齊；按名勒繳，弱者刑求而不得，強者抗令而遁逃，所抵之餉無幾，徒損政體而失士心。因曉諭軍中：凡剝取賊身囊金者，概置不問；凡發掘賊館窖金者，報官充公，違者治罪。所以憫其貧而獎其功，差為得體。然克復老巢而全無貨財，實出微臣意計之外，亦為從來罕聞之事。」

曾國藩以「挺經」之法，以「此心耿耿可對君父」的赤誠，明明白白地上奏「克復老巢而全無貨財」，頓時，物議沸騰，多以其奏為謊言；晚清經學家、文學家王闓運寫詩說「曾侯工作奏，言錢空縷覼」，意即曾國荃一擲千金買箋紙，怎麼會「全無貨財」呢，誰信？

朝廷對曾國藩還是十分信任的，曾折奏聞七日後，便迅速下達了一道「理解萬歲」的批諭：

「逆擄金銀，朝廷本不必利其所有。前據御史賈鐸具奏，故令該大臣查明奏聞。今據奏稱：城內並無賊庫；自係實在情形。」

忠王李秀成被俘後，曾國藩與曾國荃都審訊過這位太平天國後期的「擎天柱」，其中有一條問：「城中窖內金銀能指出數處否？」李秀成就利用自述來對付曾國藩。他在自述裡十分巧妙地做了委婉敘述，然後分別引出「國庫無存艮銀米」、「家內無存金艮銀」的結論，搪塞了曾國藩。當時天京城陷時，全城的口號是：「弗留半片爛布與妖（太平軍對清兵的蔑稱）享用！」

太平天國在南京苦心經營十載，一直就有洪秀全窖藏金銀財寶的傳說和「金銀如海」之說。攻打南京城的湘軍十分相信這個說法，待到破城之日，湘軍四處掘窖，曾國藩甚至還發布過「凡發掘賊館窖金者，報官充公，違者治罪」的命令。就是曾國藩在給朝廷的奏報裡，也公然提出「掘窖金」的話。

按太平天國的財產管理制度，所有公私財產都必須統一集中到「聖庫」，人們生活的必需品由聖庫統一配給，百姓若有藏金一兩或銀五兩以上的都要問斬。這種制度使得太平天國的財富高度集中，為窖藏提供了可能。「聖庫」制度在太平天國後期「天京事變」後已名存實亡。

李秀成在臨刑前的供狀中說：「昔年雖有聖庫之名，實係洪秀全之私藏，並非偽都之公幣。偽朝官兵向無俸餉，而王長兄（指洪秀全）、次兄（指楊秀清）且用窮刑峻法搜刮各館之銀米。」這就說明天京事變後，太平天國政權由

洪氏嫡系掌管，「聖庫」財富已成洪秀全的「私藏」。而洪秀全進入天京後便脫離了群眾，避居深宮，十年未出。如果沒有其親許，任何人都不能進入天王府，對其他異姓諸王更是猜忌日深。天王府成為他唯一信賴和感到安全的地方，如果要窖藏的話，最有可能就在天朝宮殿底下。

據歷史文獻記載，當年天王洪秀全在南京建天朝宮殿時，自然是傾「全國」所有，掠各地奇珍異寶於宮內，其他王府也都藏有金銀珠寶。據《淞滬隨筆》記載：「城中四偽王府以及地窖，均已搜掘淨盡。」既然別的王府尚且有窖金，天王府就更不應該沒有。

天王府當時並沒有被湘軍全部毀掉，有不少還未燒盡，當年的核心建築「金龍殿」依然存在，百年來，從來沒有對其地下進行過勘查。「金龍殿」下邊到底有些什麼？天朝宮殿地下有沒有藏金？真是撲朔迷離。

直到辛亥革命以後，還有軍閥要掘太平天國窖金發財。但不知什麼原因，最後沒下手。

湘軍入城後，曾國荃的部隊是最先進入天王府的，相傳曾國荃挖得洪秀全的藏金而入私囊，最終為毀滅證據，一把大火燒了天朝宮殿。清人有筆記記載，洪秀全的窖金中有一個翡翠西瓜是圓明園中傳出來的，上有一裂縫，黑斑如子，紅質如瓤，朗潤鮮明，皆是渾然天成。這件寶貝後來居然在曾國荃手中。

當年湘軍劫掠天王府時搜查得很仔細，甚至連祕密埋在天王府內的洪秀全遺體都被挖了出來，焚屍揚灰，一大批窖金怎會發現不了呢？所以，曾國荃得窖金的說法有許多人願意相信。

另有記載：「宮保曾中堂（指曾國藩）之太夫人，於三月初由金陵回籍（湖南），護送船隻，約二百數十號。」如此多的船隻運送，不得不讓人懷疑是曾氏兄弟在給老家送掠來的窖金。

清代文人李伯元《南亭筆記》記載：「聞忠襄於此中獲資數千萬。除報效若干外，其餘悉輦於家。」忠襄即曾國荃，說他攻占南京竟然有千萬收入。

還有一種說法是蔣驢、王豆腐靠太平天國窖金致富。近代學者胡朴安《中華全國風俗志．南京采風記．人品綽號》載：「寧俗好以綽號呼人。暴富人家，皆有綽號。如王豆腐，即其家曾業豆腐也；蔣驢子，即其先有人趕驢子也。」位於城南三條營二十號的蔣壽山故居主人，就被人戲稱「蔣驢子」。蔣壽山，蘇北淮安人，為人誠懇忠厚。前清咸豐年間，其父淮安人，蔣驢子隨父流落南

京以趕驢為業。太平軍攻破南京後，「蔣驢子」投軍養馬。被忠王李秀成賞識，升為驢馬總管。據說得到太平天國的窖藏，而富甲江南，人稱蔣半城。大富商王豆腐也相傳是靠得到太平天國的寶藏而富起來的。

除天京藏寶之謎外，太平天國還有一個藏寶之謎。

據中國書籍出版社出版的《寶藏的故事》記載，太平天國翼王石達開率領的太平軍覆滅於大渡河前夕，把軍中大量金銀財寶埋藏於某隱祕處。石達開當時還留有藏寶示意圖，圖上寫有「面水靠山，寶藏其間」八字隱訓。

抗戰期間，中國國民黨四川省主席劉湘祕密調了一千多名工兵前去挖掘，在大渡河紫打地口高升店後山坡下，工兵們從山壁鑿入，豁然見到三個洞穴，每穴門均砌石條，以三合土封固。但是挖開兩穴，裡面僅有零星的金玉和殘缺兵器。

當開始挖掘第三大穴時，為蔣介石偵知。他速派古生物兼人類學家馬長肅博士等率領「川康邊區古生物考察團」前去干涉，並由「故宮古物保護委員會」等電告禁止挖掘。不久，劉湘即奉命率部出川抗日，掘寶之事終於被迫中止。

根據研究人員赴現場考查後判斷：該三大洞穴所在地區和修築程度，似非為太平軍被困時倉促所建。石達開究竟在這裡有沒有藏寶，也成了歷史未解之謎。

而另一種截然不同的說法是，在重慶南川市鐵廠坪有段傳說，當年石達開西征途中曾經路過南川，留下了一批寶藏，只要找到了一處名為「太平山」的位置，就能找到石達開寶藏。

為此，後來曾有記者專門採訪過這兩處地方。兩地的文物部門都肯定了石達開部隊在當地的活動，說：「至於寶藏，不好解釋，找不到東西。」

和世界上所有藏寶之謎的複雜性一樣，太平天國的兩大藏寶之謎至今仍未解開，僅靠文物部門的力量肯定是不夠的，我們希望這些埋在地下深處的寶物能早日重見天日，以造福人民。

溥儀也認證的晚清第一貪

末代皇帝溥儀關於奕劻在辛亥年的所作所為，有個最為尖銳的評價：「（奕劻）受袁世凱的錢，勸太后讓國，大清二百多年的天下，斷送在奕劻手裡。」

奕劻是滿洲鑲藍旗人，愛新覺羅氏，乾隆第十七子永璘之孫，光緒的皇叔，西元一八九四年慈禧六十大壽時被封為慶親王，又在西元一九〇八年獲授鐵帽子王，世襲罔替，是清廷授封的最後一個鐵帽子王。西元一九一一年辛亥革命期間，奕劻當了六個月的首任內閣總理大臣，是決定清廷命運的關鍵人物。

慈禧在咸豐年間與其弟桂祥通信，常由奕劻代為捉筆，奕劻雖無學問，卻寫得一手好字，深得慈禧的好感。西元一八八四年（光緒十年），慈禧太后罷斥恭親王奕訢，本無實權的奕劻因緣得接任總理各國事務衙門大臣，主持外交，並進封慶郡王。次年設立海軍衙門，受命會同醇親王奕譞辦理海軍事務。

權位漸崇的奕劻因才能平平而庸碌無為，常為時人所暗譏。

西元一九〇一年，總理各國事務衙門改為外務部後，奕劻仍任總理部事。

西元一九〇三年，榮祿病死，袁世凱得知奕劻將到軍機處任職，立即派親信楊士琦給奕劻送去一張十萬兩的銀票。奕劻假意推辭，楊士琦說：「宮保知道王爺不久必入軍機。在軍機處辦事的人，每天都得進宮伺候老佛爺，而老佛爺左右，許多太監們一定向王爺道喜討賞，這一筆費用也就可觀。所以這些錢不過作為王爺到任時零用而已，以後還得特別報效。」聽了這番話，奕劻欣然收下了銀票。此後，袁世凱對奕劻「月有月規，節有節規，年有年規」，供奉不斷。袁世凱還和小自己十七歲的奕劻長子載振結拜為兄弟，與奕劻套近乎。

奕劻果然如袁世凱所願，入軍機處任領班軍機大臣，旋又管理財政處、練兵處事務，集內外大權於一身。奕劻為人貪鄙，與其子載振、大臣那桐賣官鬻爵，被時人譏為慶那公司。

奕劻做事，善於猜測慈禧風向，「榮辱忽焉，皆在聖意」，慈禧對其很信任。與八國聯軍打過一仗之後，慈禧有些心灰意冷，日常政事由奕劻主持。而奕劻則視袁世凱為最可信賴的人，時常向他問計。奕劻、袁世凱兩人的勢力迅

速膨脹，投靠奕劻父子、袁世凱門下成了不少人升官發財的捷徑。

在清末最後十年中，奕劻與袁世凱沆瀣一氣，一個掌朝，一個掌軍，不折不扣地完成了一個「大北洋」的政治框架，朝野軍政，大半北洋。甚至於袁世凱在西元一九〇九年下臺，也沒有從根本上打破北洋系在軍事上的壟斷地位，這無疑是為清朝的滅亡備好了掘墓人。

武昌起義爆發後，舉朝人心惶惶。內閣總理大臣奕劻與協理大臣那桐、徐世昌（二人皆為袁黨）第一個想到能挽回局勢的，就是袁世凱。而能說服載灃（溥儀生父）重新起用袁世凱的，也只有奕劻。西元一九一一年十月十四日，由奕劻提議起用袁世凱，那桐、徐世昌隨聲附和。不久，袁世凱代奕劻為內閣總理大臣，重新組閣，奕劻改任弼德院總裁。

此時載灃雖被架空，但畢竟還是監國攝政王，也是海陸軍大元帥，擁有管轄調遣禁衛軍之權，仍然對袁世凱構成一定的威脅。為了徹底除掉這個障礙，袁世凱夥同奕劻，告訴隆裕太后、載灃，「革命黨太厲害，我們沒槍炮，沒軍餉，萬不能打仗。」隆裕太后問：「可否求外國人幫助？」奕劻說：「等奴才同外國人說說看。」過了兩天，奕劻說：「外國人再三不肯，經奴才盡力勸說，他們才表示，革命黨本是好百姓，因為改良政治，才用兵，如要他們幫忙，必使攝政王退位。」在奕劻、袁世凱的哄騙之下，隆裕太后讓載灃退出監國攝政王之位。

這一年年底，南北和談進入關鍵階段，清帝遜位與否，南北雙方難以達成一致見解。南北議和開始後，奕劻主張清帝退位。他對隆裕說：「革命軍隊已有五萬之眾，我軍前將士皆無戰意。」又對載灃說：「全國已去大半，幸能偏安，亦難持久。果能融合滿漢，改良政體，似不妨和衷商辦。若因固執而至決裂，則滿人均為我一家所累。」載灃聞言，放聲大哭。

西元一九一二年一月十七日御前會議上，奕劻、溥倫主張自行退位，頒布共和，奕劻說：「要想保全皇室，除了走共和的道路之外，恐怕沒有別的好辦法。」但溥偉、載澤堅決反對，沒有結果。第二天再開御前會議，仍無結果。會後，以良弼為首的宗社黨等十餘主戰派前往慶邸，圍攻奕劻，但奕劻不改主意。

西元一九一二年二月十二日，清廷接受優待條件，宣布清帝退位。清廷大廈將傾之關鍵時刻，奕劻成了壓倒駱駝的最後一根稻草。有人這樣評價奕劻：

「以理內政，則內政無不荒，以理外交，則外交無不敗……奕劻於皇族中，固斷送滿清之第一罪人矣。」

清帝退位後，奕劻遷居天津。憑藉多年積累的不義之財，奕劻在那裡度過了優裕閒適的六年時光，於西元一九一八年病死寓中。奕劻去世後，其家人請求諡號。溥儀本想給奕劻「謬」、「醜」、「幽」、「厲」等惡諡，但最終採納上書房意見，給了一個「密」字，意思是讓他「追補前過」，在清代親王諡號中，「密」是最差的一個字。

奕劻之貪財，在晚清無人可與其匹敵，堪稱「晚清第一貪」。西元一九一一年《泰晤士報》刊發〈慶親王外傳〉一文，稱奕劻：「彼之邸第在皇城外之北，北京大小官員，無一不奔走於其門者，蓋即中國所云『其門如市』也。」該報還爆料稱，慶親王僅在滙豐銀行一地的存款，就達到二百萬兩之巨。有清一代，奕劻之貪，與和珅不相上下。

袁世凱身後的兩大謎

西元一九一五年十二月，袁世凱宣布恢復中國的君主制，建立中華帝國，並改元洪憲。總統府改為新華宮。但是，袁世凱稱帝的倒行逆施，遭到了舉世反對。不僅孫中山、梁啟超等人堅決反對帝制復活，北洋將領段祺瑞、馮國璋等也深為不滿，段祺瑞甚至致電袁世凱：「恢復國會，退位自全。」帝國主義列強，亦不斷對袁世凱的稱帝提出警告和抗議。

十二月二十五日，蔡鍔、唐繼堯等在雲南宣布起義，發動護國戰爭，討伐袁世凱。貴州、廣西相繼回應。接著，各省接連宣布獨立。北洋派內部更是危機四伏，以往在北洋一呼百應說一不二的袁世凱，成了眾叛親離的孤家寡人。

無奈之下，袁世凱被迫於西元一九一六年三月二十二日宣布取消帝制（稱帝僅八十三天，史稱「八十三天皇帝夢」），恢復「中華民國」年號，起用段祺瑞為國務卿兼陸軍總長，企圖依靠段祺瑞團結北洋勢力，支持他繼續擔任大

總統。但起義各省不承認他有再做總統的資格。段祺瑞也逼他交出軍政實權。廣東、浙江、陝西、湖南、四川紛紛通電宣告獨立或與袁世凱個人斷絕關係。五月下旬憂憤成疾。

袁世凱陷入四面楚歌的困境，欲續任大總統亦不可得，在心理的重大打擊及家族遺傳性糖尿病交煎之下，於西元一九一六年六月六日撒手人寰，時年五十七歲。他死後，留下了兩個謎。

袁世凱為什麼要葬在安陽？

袁世凱死後的兩個多月，即一九一六年八月二十四日，正式歸葬於河南安陽。

安陽歷史悠久，人文薈萃，不僅是「七大古都」之一、著名的世界文化遺產——殷墟所在地、漢字之都、甲骨文之鄉、《周易》的誕生地、上古顓頊帝嚳二帝陵墓所在地、隋唐瓦崗寨起義地、岳飛故里，還是現代著名的紅旗渠精神發源地。

袁世凱老家在位於河南省東南部的項城（項城至今保存有各式建築

二百四十八間的「袁世凱故居」，以及有清代宮廷式建築群典型風格的「袁世凱行宮」），為什麼要葬在河南省最北部的安陽呢？

對此，袁世凱生前含糊其辭，近代史家也各有各的說法，莫衷一是。

從現存文獻看，早在袁世凱歸隱的西元一九一〇年冬天，他就為自己選擇好了墓地，但究竟在何處他沒有明說。西元一九一一年六月他在致端方的信中寫道：「兄衰病日增，行將就木，牛眠之區，去冬已卜得一段。」據其子袁克文記述，袁世凱自選的墓地在太行山中。他寫道：「昔先公居洹時，曾自選窀穸[11]地，在太行山中，邃而高曠，永安之所也。」袁氏後人最後討論葬於何地時，袁克文提出按其父生前的意願辦，但長子袁克定堅決反對，決定將其葬在彰德府洹上村旁。

其實，袁世凱死後沒有歸葬其老家項城的原因，與其身世、家事有關。

西元一八五九年（清咸豐九年），袁世凱生於河南省項城縣袁寨。他們家按照「保、世、克、家」來排輩分，父親袁保中有八個子女，長子世昌、次子世敦和兩個女兒為原配夫人所生，其餘四子皆是庶出，袁世凱行四，七歲時又過繼給了叔父袁保慶。

袁世凱做山東巡撫時，他的母親劉氏病死在天津，靈柩運回項城之後，袁世凱的同父異母兄袁世敦以嫡子主持家務，他認為劉氏不是正房，堅決不准正門出殯，靈柩也不能埋入祖墳正穴和袁保中合葬。儘管袁世凱頗有權勢，但囿於倫理綱常，只能和哥哥爭執，甚至跪下哀求，也沒有得到袁世敦的許可。

無奈的袁世凱最後只得另購墳地，才算讓母親安然入土，但也因此和兄長袁世敦鬧翻了臉，盛怒之下與之絕交，從此永遠不再回到項城老家。

而安陽時稱彰德，在袁世凱的宦海生涯中，這裡可說是一處風水寶地。他曾在此地向世界充分展示過自己的軍事實力，在那個軍事實力即話語權的時代，這無疑意味著他是當時清廷的第一強人。

少年時生性貪玩的袁世凱，早年考取功名屢次落榜，後投身行伍才逐漸發跡。他政治生涯的轉捩點是甲午戰後的天津小站練兵，從此青雲直上，戊戌變法的第二年當上了山東巡撫，後任直隸總督兼北洋大臣，進入了大清朝廷的權力中樞。

11窀穸：音同「諄系」，墓穴之意。

西元一九〇五、一九〇六年北洋陸軍連續兩年舉行了大規模的軍事會操，其中一九〇六年九月的會操是在彰德（即安陽）舉行的，袁世凱是閱兵大臣。這次會操是直隸兩湖等省陸軍的實戰演習，精選出來參加演習的北洋官兵有四萬多人，還有各國駐華官員和記者五百餘人參加。這是甲午戰爭以來北洋軍隊規模最大的一次亮相，也是袁世凱對自己家底的一次大炫耀，因此更被朝野以及外國勢力看成是大清的支柱。

因此，袁世凱對安陽感情很深，遠遠超過了生他養他的項城。

天有不測風雲。西元一九〇八年光緒皇帝和慈禧太后相繼登天後，與袁世凱有矛盾的醇親王載灃攝政，袁世凱的厄運來了。攝政王載灃發布諭旨，解除了袁世凱所有職務，令袁世凱「回籍養痾」。袁世凱自從和大哥鬧翻之後，就把時稱彰德的安陽當成了自己的故里。

袁世凱小的時候，就知道安陽有個洹上村，相傳商朝名相伊尹在朝中遭人誹謗，到洹上村隱居三年，後來商王親自到洹上村迎他復任。安陽也是袁世凱的遠祖——漢朝大將軍袁紹發祥之地，袁世凱覺得，洹上村對自己是一塊吉祥寶地，還在小站練兵的時候，他就買下了這裡的二百多畝地，只是沒想到很快就派上了用場。安陽洹上村位於河南與直隸交界處，交通方便，離京城也近。隱居這裡垂釣洹水，也便於掌握天下動態。

所以，袁世凱死後，歸葬於他曾閱兵和歸隱過的安陽，也在情理之中了。

袁世凱墓為什麼不稱「陵」而稱「林」？

袁世凱的墓園位於安陽市北郊洹水北岸，現為安陽博物館館址所在地。袁世凱墓修建時花費了兩年的時間。「占地一百三十八畝九分八厘八毫六絲九忽，支出銀圓七十三萬二千七百五十四元一角九分一厘」，這些數位都翔實地記錄在《袁公林墓工報告》中的清單上。該墓於西元一九一六年六月袁死後開始籌建，一九一八年六月竣工，是由當時的河南省省長田文烈負責督修的。墓碑上刻有「大總統袁公世凱之墓」九字，此乃袁之好友、時任民國總統的余世昌手書。

在所用七十多萬銀圓中，北洋政府出銀五十萬兩，其餘部分由袁世凱北洋舊部個人捐款，多者都是現幣一萬元，少者也沒有低於兩三千元的。《袁公林墓工報告》記載，「袁公遺產不豐未忍輕動，而庫幣奇拙難在請求爰興，段君忠樞工統籌議，發起微資萃袍卅年之誼，竟山陵一簣之功，群策群力集捐款銀幣二十五萬元。」

袁世凱墓園被稱為袁林。袁林的設計者是德國的工程師，它的建築「仿明陵而略小」。主體建築自南而北依次為照壁、糙石橋、清白石橋、牌樓門、望柱、石像生、碑亭、東西值房、堂院大門、大丹陛、東西配殿、景仁堂、墓臺。袁林建築的總體設計，有其獨特之處，在中國陵墓建築史上有著特殊的地位。它的特點是「中西合璧」，反映了半殖民地半封建的時代特色。堂院以前的部分是中國明清陵寢的風格，後邊大墓部分是西洋陵寢的建築風格。

那麼，袁世凱墓為什麼不稱「陵」而稱「林」？

袁世凱冒天下之大不韙稱「帝」，名不正而言不順，最後四面楚歌，不到六十歲就一命嗚呼。袁世凱的大兒子袁克定最初也想效仿歷代帝王，把自己老子的萬年吉地稱為「袁陵」。

但當時當政的徐世昌卻對之明確反對，他說：「項城生前稱帝未成，未曾身居大寶，且已取消洪憲年號，如果採取袁陵之名，實為不妥。林與陵諧音，《說文解字》上所載陵與林二字又可以互相借用，避陵之名，仍陵之實，這多好啊！」

其時，徐世昌的話自然最有分量，於是便棄「袁陵」而稱之為袁林。

徐世昌不愧是袁世凱的生前至交，也不愧為一個學者型政客，他的建議，足以使袁世凱含笑九泉之下。自古帝王之墓為陵，聖人之墓為林，袁世凱墓效仿「孔林」、「關林」而稱「袁林」，也算是對他的極大抬舉了。

刨根問底篇

象棋對陣雙方為何各有五個兵卒？

據中國古代傳說，象棋是舜發明的。舜的弟弟象很壞，好幾次想害死舜（《孟子》中曾有記載）。後來舜把他幽禁起來，又怕他寂寞，就製了象棋給他當作娛樂活動。象棋的「象」字，就代表舜的弟弟。有專家認為，象並不是舜的親弟弟，而是中國以南產象地區（如緬甸等地）的領袖。象與舜曾結成兄弟同盟而戰勝其他民族，但後來兩人又發生衝突。象棋是舜發明的說法只是民間傳說，是否屬實很難考證。

傳說不足信。那麼，具有悠久歷史的象棋是何時面世的呢？

早在戰國時期，中國就已經有了關於象棋的正式記載。如《楚辭・招魂》中有「蓖蔽象棋，有六簙些；分曹並進，遒相迫些；成梟而牟，呼五白些。」《說苑》載：雍門子周以琴見孟嘗君，說：「足下千乘之君也，……燕則鬥象棋而舞鄭女。」由此可見，遠在戰國時代，象棋已在貴族階層中流行開來了。

據上述情況及象棋的形制推斷，象棋當在周代建朝（西元前十一世紀）前後產生於中國南部的氏族地區。

其時，周朝軍隊的基本編制為「伍」，即由五個士兵組成。這個基本編制是根據當時所使用的武器而制定的。那時，武器很落後，只有五種：殳、矛、酋、戈、戟。殳，用長竹竿做成，端有稜，但無刃，可頂倒敵人。矛，在長竹竿上有金屬尖刀，可刺殺。殳和矛配合使用，可把敵人消滅在還沒接近自己時。酋，類似矛，卻比矛短。戈，長柄横刀。酋和矛適用於近身作戰。戟，矛上加鉤，特別是它的鉤，彌補了前四種武器的不足。五種兵器，各有長處，由五個士兵分別使用，構成交錯戰鬥，充分發揮了五種兵器的功能，提高了戰鬥力。

後來，這五種兵器和五個士兵，反映到當時人們十分喜愛的象棋遊戲上來，就成了對陣雙方五卒為一線的戰鬥隊形，一直沿用至今。

男女之事為何被稱作「雲雨」？

古人形容男女交歡的詞語有許多，如「房事」、「交媾」、「敦倫」、「苟合」、「入巷」、「雲雨」等等。其中，「雲雨」一詞用得最多，如《二刻拍案驚奇・卷三五》：「孫小官抱住要雲雨，閏娘羞阻道：『媽媽昨日沒些事體，尚且百般羞罵，若今日知道與哥哥甚麼，一發了不得。』」

湯顯祖《牡丹亭・第十齣・驚夢》：「正如此想間，只見那生向前說了幾句傷心話兒，將奴摟抱去牡丹亭畔，芍藥闌邊，共成雲雨之歡。」

《紅樓夢・第六回》亦有：「然後說至警幻所授雲雨之情，羞的襲人掩面伏身而笑。寶玉亦素喜襲人柔媚嬌俏，遂強襲人同領警幻所訓雲雨之事。」且第六回的章回標題就含有「雲雨」兩字：〈賈寶玉初試雲雨情，劉姥姥一進榮國府〉……

性愛中男女雙方酣暢淋漓、情到深處的水乳交融，其情境也與「雲雨」二

字極為契合。尤其當性愛達到高潮時，更如騰雲駕霧、天際遨遊。所以到了現代，「雲雨」這個詞在大眾閱讀物中仍被廣為使用，譬如「兩人再度雲雨」、「不免雲雨一番」、「共赴巫山雲雨」等等。

「雲雨」一詞之所以千百年來被長期應用經久不衰，除了其擁有頗富詩意的意境外，更主要的原因是其源自「中國第一位美神」巫山神女之口，出自中國第一位寫美女的頂級高手、與屈原齊名的文學大家宋玉（並稱「屈宋」）的筆下。

「雲雨」一詞出自戰國時宋玉寫的〈高唐賦〉、〈神女賦〉裡「巫山雲雨」的典故。這兩篇奇文在中國文學史上，開創了細膩地描繪、誇飾女性外貌、形體和情態之美的先河，從此女性之美成為藝術表現的重要主題。在此二賦中，宋玉極盡文字之能，濃墨重彩地將巫山神女描繪為至善至美、天上人間獨一無二的美麗女神，這位神女的姿容秀色天下無人可比，她的形象儀態舉世無雙。即使是美女毛嬙、西施，在她的面前也顯得毫無顏色。儘管人世間美女比比皆是，也沒有誰能夠超過她。

〈高唐賦〉、〈神女賦〉是內容上相互銜接的姊妹篇，兩賦皆以楚王與巫山神女的雲雨情故事為題材。據〈高唐賦〉序云，楚懷王到巫山遊覽，因疲倦而入夢，見一女子對其言：「我本巫山之女，作客於此，聞道大王在此遊覽，我願與王同床共枕。」於是懷王同此女做了露水夫妻，臨別女子對懷王說：「妾在巫山之陽，高丘之阻，旦為朝雲，暮為行雨，朝朝暮暮，陽臺之下。」

懷王於晨昏觀巫山，果見雲雨。為紀念這次奇緣，懷王特於巫山建名為「朝雲」之廟宇。

後來，懷王之子襄王亦到此遊玩，也期望學其父那樣風流好夢一番。惜襄王有意，神女無心，神女只在襄王面前盡情地炫耀了自己的美色，以致襄王神魂顛倒，悵惘不已。這次未成功的露水歡會，便成了〈高唐賦〉續篇〈神女賦〉的內容。

元曲大家馬致遠在其《四塊玉．巫山廟》中也生動地寫了這個神奇故事：「暮雨迎，朝雲送，暮雨朝雲去無蹤。襄王謾說陽臺夢，雲來也是空，雨來也是空，怎捱十二峰。」

〈神女賦〉開中國美女神賦之先河，對後世之影響深遠。筆者考證，三國時「才高八斗」的曹植所作的〈洛神賦〉就是一例。曹植在〈洛神賦．序〉中

寫道：「感宋玉對楚王神女之事，遂作斯賦。」

眾所周知，巫山確有其山，是當今重慶市的東大門，是長江三峽庫區的重鎮，是遊覽長江三峽的必經之地。巫山歷史悠久，古蹟紛呈，資源豐富。早在兩百零四萬年前亞洲最早的直立人「巫山人」就在這裡生息繁衍。巫山自然風光獨樹一幟，是聞名中外的長江三峽之一。巫峽以幽深秀麗擅奇天下，峽深谷長迂迴曲折，著名的「巫山十二峰」屏列大江南北，尤以神女峰最秀麗。峽中的雲雨之多，變化之頻，雲態之美，雨景之奇，令人嘆為觀止。

巫山「三臺八景」籠罩著神祕而綺麗的色彩。「三臺」是授書臺、楚陽臺、斬龍臺；「八景」是朝雲暮雨、南陵春曉、夕陽返照、寧河晚渡、清溪漁釣、澄潭秋月、秀峰禪剎、女貞觀石。而在這巫山的「八景」之中，「朝雲暮雨」則是不可不看的景觀之一。

巫山神女披雲雨而詭祕莫測，雲雨繞神女而變幻迷離，更是增添了後人對「巫山雲雨」神奇美麗的遐想。漸漸地，後世文人開始用「雲雨」借代男女間的魚水交歡。就這樣，「雲雨」一詞漸漸被廣泛傳播開來，成為了描寫男歡女愛的常用詞語，瀰漫於兩千多年來的詩、詞、歌、賦、曲及話本、小說之中。

如唐代著名詩人李白〈清平調〉：「一枝紅豔露凝香，雲雨巫山枉斷腸；借問漢宮誰得似？可憐飛燕倚新妝。」

李白〈寄遠〉：「美人美人兮歸去來，莫作朝雲暮雨兮飛陽臺。」

唐代著名詩人杜甫也寫詩道：「搖落深知宋玉悲，風流儒雅亦吾師。悵望千秋一灑淚，蕭條異代不同時。江山故宅空文藻，雲雨荒臺豈夢思？最是楚宮俱泯滅，舟人指點到今疑。」

唐代著名詩人李商隱〈有感〉：「一自高唐賦成後，楚天雲雨盡堪疑。」

明代著名詩人陸少珩也曾寫有：「花柳深藏淑女居，何殊三千弱水。雲雨不入襄王夢，空憶十二巫山。」

明末清初詩人吳偉業的〈贈荊州守袁大韞玉〉詩之四中也說：「使君灘急風濤阻，神女臺荒雲雨多。」

清初詩人、戲曲作家孔尚任在〈桃花扇．餘韻〉中亦有：「院院宮妝金翠鏡，朝朝楚夢雲雨床。五侯闔外空狼燧，二水洲邊自雀舫。」

成語「亂七八糟」怎麼來的？

「亂七八糟」意為雜亂無章、難理頭緒。其源自史上兩大著名內戰：西漢時期的「七國之亂」與西晉時期的「八王之亂」。

西漢漢文帝時期，劉邦分封的同宗諸侯王的勢力迅速擴張。他們自置官吏、自徵賦稅，不服從中央的領導，成了各自為政的獨立王國。這些王國所領有的土地，合起來占了西漢帝國土地的大半。皇帝直接統轄的地區，僅僅只有十五個郡。並且這十五個郡當中還有列侯與公主的領地，真正屬於皇帝能管轄的土地，也就只有十個郡左右。

漢景帝即位以後，採納晁錯的意見，著手削減了一些封國領土，將其收歸中央管理。吳王劉濞不服氣，串通楚王、趙王、膠東王、膠西王、濟南王和淄川王等六個諸侯王，於西元前一五四年，打著「誅晁錯，清君側」的旗號，聯合起來叛亂。景帝錯殺了晁錯而不能退兵，立即派太尉周亞夫領兵去平叛。周亞夫很善於用兵，他切斷叛軍糧道出奇制勝，徹底打敗了七國聯軍，最終平定了持續三個多月的「七國之亂」。這就是「亂七」的來歷。

「八糟」則指另外一次更惡性的歷史事件。西晉初年，晉武帝司馬炎臨終時命弘農大姓出身的車騎將軍、楊皇后的父親楊駿為太傅、大都督，掌管朝政。繼位的晉惠帝司馬衷愚鈍，他即位後，皇后賈南風為了讓自己的家族掌握政權，於元康元年（西元二九一年）與楚王司馬瑋合謀，發動禁衛軍政變，殺死楊駿，而政權卻落在汝南王司馬亮和元老衛瓘手中。

賈后政治野心未能實現，當年六月，又使楚王司馬瑋殺汝南王司馬亮，然後反誣楚王司馬瑋矯詔擅殺大臣，將司馬瑋處死。賈后遂執政，於元康九年廢太子司馬遹，次年殺之。從此，諸王為爭奪統治權，展開極其凶殘的內戰，前後歷時達十六年之久，史稱「八王之亂」。

「八王之亂」初始，統領禁軍的趙王司馬倫聯合齊王司馬冏起兵殺賈后。永康二年（西元三〇一年），趙王司馬倫廢惠帝自立。趙王篡位後，鎮許昌的齊王司馬冏起兵討司馬倫，鎮鄴的成都王司馬穎與鎮守關中的河間王司馬顒舉兵回應。洛陽城中的禁軍將領王輿也起兵反司馬倫，迎惠帝復位，殺死趙王。齊王司馬冏入京輔政。次年底，河間王司馬顒又從關中起兵討司馬冏，洛陽城中的長沙王司馬乂也舉兵入宮殺齊王司馬冏，政權落入司馬乂手。太安二年，河間王司馬顒、成都王司馬穎合兵討長沙王司馬乂。司馬顒命都督張方率精兵七萬，自函谷關向洛陽推進；司馬穎調動大軍二十餘萬，也渡河南向洛陽。二王的聯軍屢次為長沙王司馬乂所敗。

西元三〇三年正月，洛陽城裡的東海王司馬越與部分禁軍合謀，擒長沙王司馬乂，將其交給河間王顒的部將張方，被張方燒死。成都王司馬穎入洛陽為丞相，但仍回根據地鄴城，以皇太弟身分專政，政治中心一時移到鄴城。

東海王司馬越對成都王司馬穎的專政不滿，率領禁軍挾惠帝北上進攻鄴城。蕩陰一戰，被成都王司馬穎擊敗，惠帝被俘入鄴，東海王越逃往自己的封國。與此同時，河間王司馬顒派張方率軍占領洛陽，接著並州刺史司馬騰（司馬越弟）與幽州刺史王浚聯兵攻破鄴城，成都王司馬穎與惠帝投奔洛陽，轉赴長安。西元三〇五年，東海王司馬越又從山東起兵進攻關中，擊敗河間王司馬顒。西元三〇六年，東海王司馬越迎惠帝回洛陽，成都王司馬穎、河間王司馬顒相繼為其所殺，大權落入東海王司馬越手中，他又毒死了惠帝，擁立司馬熾作皇帝，史稱晉懷帝，改年號為永嘉，八王之亂到此終於結束。

參與「八王之亂」的實際上並不只有八個親王，筆者考證，捲進這場內戰，殺人或被人殺的，至少有六十個親王之多，只因為《晉書》把其中八位親王容納在一卷之中（〈列傳〉第二十九），傳統史學家遂以「八王之亂」命名了這一歷時十六年的大動亂事件。「八王之亂」比「七國之亂」時間長、規模大，人民遭受的災難也更為深重，同時也嚴重地削弱了封建王朝的統治力量，所以稱之為「八糟」。

後來人們便把「七國之亂」（亂七）與「八王之亂」（八糟）這兩個曠日持久的惡性分裂事件連繫起來，稱為「亂七八糟」。這個成語也就逐漸流行開來了。

「靠山」的「山」原指安祿山

人們一般把有後臺的人說成是有「靠山」，這個典故是如何來的呢？

「靠山」這個俗語出自安祿山篡唐的故事。唐玄宗李隆基非常寵信胡人的三鎮節度使安祿山，竟要升他為宰相。右相楊國忠知道後，便向皇上進諫不要重用野心勃勃的安祿山。玄宗於是就不讓張垍擬定提升安祿山的詔書了。張垍是安祿山的好友（也是唐玄宗的女婿），很快把這件事告訴了安祿山。

一次，張垍與在京任職的大詩人李白談起了與安祿山交往的事。李白直言不諱地說：「我看胡兒有謀反之心，他的野心很大，到時會連累你的。你萬萬不可靠山（指安祿山）！還是靠近皇上吧！」張垍聽了好友李白的勸告。不久，安祿山果然起兵反唐，張垍卻仍受到玄宗的重用。張垍深有感受地說：「幸虧我沒有靠山（指安祿山）啊！」

「靠山」一詞，從此流傳下來。

當然，在民間還有另一種說法，有點迷信的說法。一般來說山是陽性的象徵，而鬼邪等屬陰，按照迷信的說法靠山則意味著可以避鬼邪、保平安。

「一不做二不休」的歷史典故

我們經常可以接觸到「一不做二不休」這個詞，其意是：不做則已，做了就索性做到底。這個詞出自唐·趙元一《奉天錄》第四卷：「光晟臨死而言曰：『傳語後人，第一莫做，第二莫休。』」

張光晟是陝西周至人，唐代中期北方軍人，他是施恩不圖報的義士、邊境護國的良將，最後卻被命運捉弄成了叛臣。

張光晟的起家得力於王思禮的提攜。西元七五五年，唐朝的節度使安祿山起兵叛亂。在與叛軍的一次交戰中，朝廷方面的大將王思禮的坐騎被箭射中倒斃。就在他處境危急的時刻，當時還是一名普通騎兵的張光晟把馬讓給他，使他脫離了險境。

安史之亂平定後，王思禮升了官，但他不忘張光晟的救命之恩，和張光晟結為兄弟，並一再向朝廷保舉，從而使張光晟的官越做越大，官運甚是亨通。

當時在位的唐德宗試圖削奪擁兵自重的地方藩鎮節度使的權力，引起了各地節度使的不滿。建中三年（西元七八二年）底，盧龍節度使朱滔自稱冀王、成德王武俊稱趙王、淄青李納稱齊王、魏博田悅稱魏王，「四鎮」以朱滔為盟主，聯合對抗朝廷。

同時，淮西節度使李希烈也自稱天下都元帥、太尉、建興王（不久又稱楚帝），與四鎮勾結反叛。戰火一下從河北蔓延到河南，而且東都告急。建中四年（西元七八三年）十月，德宗準備調往淮西前線平叛的涇原兵馬途經長安時，因為沒有得到夢寐以求的賞賜，加上供應的飯菜又都是糙米和素菜，士兵發生了譁變，這就是歷史上著名的「涇原兵變」。德宗倉皇出逃到奉天（今陝西省乾縣），成為唐朝繼玄宗、代宗以後又一位出京避亂的皇帝。

兵變獲得了暫時的成功，叛軍推立朱泚（朱滔之兄）為帝。張光晟以為唐朝氣數已盡，便依附了朱泚，做了他手下的節度使。

朱泚自稱大秦皇帝，領兵進逼奉天，張光晟當了副將。不料出師不利，圍城一個多月未能攻克，而各處來援救德宗的軍隊日漸接近奉天。在這種情況下，朱泚、張光晟只能退回到長安。

次年，朱泚又改國號為漢，自稱漢元天皇，封張光晟為宰相。這時，唐軍將領李晟等率領大軍已經迫近長安。朱泚將五千精兵交給張光晟，命他駐紮在九曲一帶抵禦唐軍。

張光晟見朱泚大勢已去，對自己當時背叛德宗深悔不已，於是便暗中派人與唐軍將領李晟取得聯繫，希望歸降朝廷。李晟表示歡迎，同時指揮軍隊猛攻長安。張光晟做為內應，勸朱泚趕快離開長安，並親自護送他出城。待朱泚逃遠後，再返回長安，率領殘部向李晟投降。李晟答應奏告朝廷，減免他叛變投敵的罪行。張光晟對李晟感激涕零。

此後，李晟每次舉行宴會，總要邀請張光晟參加，並且奉為上賓。賓客們對此非常反感，有的當眾發作，表示不願與反賊同席，李晟見眾怒難犯，只得將張光晟看管起來，等待朝廷發落。不久，德宗頒下詔書，處死叛逆張光晟。李晟無法再為張光晟說情救命，只好執行，將張光晟押赴刑場。

臨死時，張光晟悲哀地說：「把我的話傳給後世的人：第一不要做，第二做了就不要甘休！」這就是一直沿用至今的「一不做二不休」的來歷。

「五雷轟頂」的「五雷」是指什麼？

在遭到了巨大的打擊時，人們往往喜歡用成語「五雷轟頂」來形容。但其中的「五雷」指的是什麼呢？要搞清楚這個，首先須明白一個古代盛行的學術概念——「五行」。

五行是中國古代的一種物質觀，五行學說最早出現在諸子百家中的道家學說中。它強調整體概念，旨在描述事物的運動形式以及轉化關係。如果說陰陽是古代的對立統一學說，則五行可以說是原始的普通系統論。五行學說作為中國古代的物質組成學說，與西方的地、水、火、風四元素學說類似，包含著古代樸素的唯物主義。

「五行」一詞，最早出現在《尚書》的〈甘誓〉與〈洪範〉中，在〈甘誓〉中有「有扈氏威侮五行，怠棄三正，天用勦絕其命」這樣的句子，點出了「五行」這個詞；〈洪範〉中則指出「五行：一曰水，二曰火，三曰木，四曰金，五曰土……」。

「五雷轟頂」中的「五」指的就是五行，代表金、木、水、火、土五種物質。因此，「五雷」就是金雷、木雷、水雷、火雷、土雷的合稱。金雷指刀劍、金屬、鐵器、車禍等；木雷指棍棒、高處摔下、樹木壓住等；水雷指溺水、水淹、在行走中出意外、生病等；火雷指火燒、電擊、雷擊等；土雷指土埋、房屋倒塌、高處掉物等。古人還認為，被此五雷擊倒者必定是罪孽深重的人。

「五雷轟頂」又作「天打五雷轟」，其另一層意思是告誡人們別作惡，如幹了傷天害理的壞事後，一定會遭到上天用各種形式的懲罰。

「王八」是如何成為罵人話的？

現代漢語詞彙中，有個罵人挺妙的詞，叫「王八」，並由此衍生出「王八蛋」、「王八羔子」等。

關於「王八」一詞的來歷，有好幾種說法。

一、西漢史學家褚少孫增補的《史記．龜策列傳》中，根據遠古時代三王、五帝以「神龜」和蓍草卜筮的傳說，將「神龜」分為八種。每一種都有一個名稱，一曰北斗龜，二曰南辰龜，三曰五星龜，四曰八鳳龜，五曰二十八宿龜，六曰日月龜，七曰九洲龜，八曰王龜。第八種名為「王龜」，於是，又有人將「八王龜」簡單地調換順序，就成了「龜王八」或「王八龜」了。久而久之，「王八」也就成了烏龜的別名。

如明代郭勛編的《雍熙樂府》中有一首〈叨叨令兼折桂令〉，就將「龜兒」和「王八」連在一塊兒，用來指同一種人：「蝦兒腰，龜兒輩，玉連環繫不起香羅帶；脊兒高，紋兒細，綠茸毛生就的王八蓋。」其中所謂「王八」指的就是烏龜。

二、古人在作畫烏龜的時候，由於烏龜殼的紋比較複雜，不易作畫，所以就用簡易的橫豎來表示。而這些線條剛好形成一個「王」字，在畫烏龜的腳的時候，又剛好形成「八」字，所以用「王八」作為烏龜的俗稱。

三、在北宋歐陽修撰《新五代史》中，有這樣的記載：「王建少時無賴，以屠牛盜驢販私鹽為事，鄉里人謂之賊王八。」王建是五代十國時的前蜀主，是個無賴之徒，他在兄弟姊妹中排行第八，所以和他同鄉里的人都叫他「賊王八」。

四、清代學者趙翼在《陔餘叢考》曾說：王八，明人小說又謂忘八，即忘掉「孝、悌、忠、信、禮、義、廉、恥」這八個字，是無恥之徒。

五、民間還有一種說法，《百家姓》開頭的兩句便是：趙錢孫李，周吳鄭王。王姓恰好排行第八位，所以，稱之「王八」。

烏龜（即王八）並非一開始就被用來「指桑罵槐」，牠曾有過很長一段為人們喜聞樂見的輝煌歲月。秦漢以前，烏龜一直被視為「靈物」或「吉祥之物」，人們將龜與龍、鳳、麟並列，合稱為「四靈」（見《禮記·禮運》）。殷商時期，人們灼龜甲以卜吉凶，龜甲因灼而坼裂之紋理名為「龜兆」（《左傳·昭公五年》：「龜兆告吉」）。從秦漢至唐代中葉，人們不再視烏龜為「靈物」，而視為貴重之物。唐武則天時，人們對龜的崇拜發展到了極致，其間好多人名也都帶有龜字，如宮廷音樂家李龜年、詩人王龜、陸龜蒙等。天授二年，武則天規定五品以上的官員都要佩戴一種龜形的小袋，名為「龜袋」，龜袋上分別飾有金、銀、銅三種金屬，以區分官員品級的高低（見《新唐書·車服志》）。到了唐朝後期，烏龜才逐漸被用來罵人。

對於這一可謂天壤之別的待遇演變，龜如有知，真不知牠會做何感想，大概會氣得夠嗆吧。

故宮「三宮六院」是指哪些建築？

長期以來，民間一直把皇帝擁有的女性稱作「三宮六院七十二妃」。所謂七十二妃是言其多而已，沒有哪個朝代有此定數。在古代，多把三、六、九看成表示多的虛數，而不是實數，七十二則是三、六、九的高等倍數，其意思是表示皇帝後宮充盈。那麼，在明清時的帝王與后妃居住之所故宮的內廷，「三宮六院」究竟是指哪些建築？

故宮舊稱紫禁城，是明、清兩代的皇宮，是無與倫比的古代建築傑作，也是世界上現存最大、最完整的古建築群，被譽為世界五大宮之首（北京故宮、法國凡爾賽宮、英國白金漢宮、美國白宮、俄羅斯克里姆林宮）。

故宮的建築依據其布局與功用分為「外朝」與「內廷」兩大部分，也就是所謂的「前朝後寢」。「外朝」與「內廷」以乾清門為界，乾清門以南為外朝，以北為內廷。外朝以太和、中和、保和三大殿為中心，是皇帝舉行朝會的地方，也稱為「前朝」；內廷以乾清宮、交泰殿、坤寧宮後三宮為中心，是皇帝與皇后以及妃子們起居生活之所。

「三宮六院」都在故宮的內廷。「三宮」又稱「後三宮」，指皇帝居住的乾清宮、皇后居住的坤寧宮，以及位於乾清宮和坤寧宮之間的交泰殿（殿名取自《易經》，含「天地交合、康泰美滿」之意。「內宮不許干預政事」的鐵牌就立於此殿）。「六院」其實是十二院，「三宮」東、西兩路各有六宮，「東路六宮」即齋宮、景仁宮、承乾宮、鍾粹宮、景陽宮和永和宮；「西路六宮」為儲秀宮、翊坤宮、永壽宮、長春宮、咸福宮和重華宮。因各宮均為庭院格局建築，故稱為「東六院」和「西六院」。

「兩面派」的來歷

「兩面派」大多是說口是心非善於偽裝的人，這個詞是怎樣來的呢？

相傳元朝末年，天下大亂，各地戰亂不息，民不聊生，元軍和朱元璋的起義軍在黃河北岸的豫北懷慶府地區展開拉鋸戰。這一地區夏時稱「覃懷」，後稱「懷州」，元稱「懷孟路」，明清為「懷慶府」。它的地理範圍大致相當於如今河南省焦作市、濟源市及新鄉市的原陽縣所轄地域。明清民間有「懷府八縣」之稱：包括河內縣（現在分為沁陽市和博愛縣）、濟源縣（現濟源市）、孟縣（現孟州市）、溫縣、武陟縣、修武縣、原武縣、陽武縣（原武縣、陽武縣現合併為原陽縣）。

元軍和朱元璋的起義軍在這裡多次交戰。今天你打過來，明天我又打過去，老百姓苦不堪言，誰來了都要歡迎，都要在門板上貼上紅紅綠綠的歡迎標語，來得勤換得也快。豫北懷慶府的人生活節儉，於是想出一個一勞永逸的辦法：用一塊薄薄的木板，一面寫著歡迎元軍的標語，另一面寫著歡迎起義軍的標語。

一次，朱元璋的大將常遇春率領軍隊進駐懷慶府，見家家門口五顏六色的木牌上滿是歡迎標語，心裡高興。可是突然一陣狂風颳來，木牌颳翻，反面全是歡迎元軍的標語。一連看了幾家的牌子，正反都是兩種字樣，常遇春大怒，便把此事向朱元璋報告了。朱元璋正因戰事毫無進展而獨生悶氣，一聞此事更是火上加油，立即下令常遇春把懷慶府地區的百姓斬盡殺絕。

常遇春領命後，即率軍向懷慶地區殺去，見人就殺，雞犬不留，來來往往殺了三個來回。他們還把元寶放在大街上，看是否有人撿去，如若發現元寶少了，就證明還有活人，接著又殺，懷慶地區百姓被殺死大半，常遇春才甘休，這就是著名的血洗懷慶府的故事。朱元璋繼位以後，看到懷慶府一帶已經荒無人煙了，便下令人口密集的山西洪洞縣往懷慶府移民過去。

狗尾續貂的由來

成語「狗尾續貂」本為諷刺封爵太濫，後用來比喻拿不好的東西補接在好的東西後面，前美後醜，前後兩部分非常不相稱。

這個典故最早出自《晉書．趙王倫傳》，其記載曰：「（趙王化）乃僭帝位……其餘同謀者咸超階越次，不可勝紀，至於奴卒廝役亦加以爵位。每朝會，貂蟬盈坐，時人為之諺曰：『貂不足，狗尾續。』」

這段史料記載的就是狗尾續貂的由來，晉武帝司馬炎兼併了魏、蜀、吳三國，建立了統一的晉朝以後，把家族子弟分封各地為王，企圖鞏固晉王朝的統治。結果事與願違，諸王互相爭權奪利，造成了嚴重的內亂。晉武帝的叔叔司馬倫是個野心家，武帝在位時把他封為趙王，武帝去世後，他的兒子司馬衷繼位，是為晉惠帝。司馬衷對朝政一竅不通，大權落到賈后手裡，賈后大權獨攬，將朝廷完全置於自己控制之下，大肆委用親信、黨羽，派他們擔任重要官職。

賈后的暴戾和專制引起諸王的強烈不滿和反對。趙王司馬倫以此為藉口帶兵衝入宮廷，殺死了賈后，自封為相國。

司馬倫為了籠絡朝臣，擴大自己的勢力範圍，於是大封文武百官。等到一切就緒後，又廢掉晉惠帝，自稱皇帝。按當時規定，王侯大臣都戴用貂尾裝飾的帽子，司馬倫在當上皇帝後，讓他自己的親戚朋友、家裡的僕人和差役，都當了大官或是成為他的近侍官員。由於司馬倫封的官員實在太多了，找不出那麼多的貂尾，只好用相似的狗尾代替。而這些官員既沒有真才實學，又不為人民辦事，只知道欺壓百姓，胡作非為，令老百姓們感到非常痛恨，百姓們就編了諺語諷刺他們：「貂不足，狗尾續。」

後來，人們常常用「狗尾續貂」來指文藝作品的續作不佳，也可用來表示自謙。南宋政治家、文學家周必大在〈楊廷秀送牛尾貍侑以長句次韻〉中以「公詩如貂不煩削，我續狗尾句空著」這一句來表現自己的謙遜。

麻將一百零八張牌源於梁山一百零八位好漢

據清代大學者戴名世《憂庵集》等古籍記載，有「國粹」之稱的麻將牌是明朝時一個名叫萬秉迢的人發明的。萬秉迢被施耐庵《水滸傳》書中的梁山一百零八位好漢所折服，於是想做一副娛樂工具來紀念他們。經過幾天的精心設計，終於研製出了麻將牌。他把麻將牌設計為一百零八張，暗喻《水滸傳》中的梁山一百零八位好漢。牌中的九索指「九紋龍」史進，二索指「雙鞭」呼延灼等等。

接下來，萬秉迢考慮到梁山一百零八將分別來自東、西、南、北、中五個方位，又增添了「東」、「西」、「南」、「北」、「中」各四張、共計二十張牌。同時，考慮到梁山英雄好漢中既有出身貧民又有出身富戶的，對此，就稱「貧」為「白」（板），「富」為「發」（財）。於是，「白」、「發」又各增牌四張、共計八張。最後，便構成了整副牌一百三十六張。麻將分萬、筒

（北方稱餅）、索（北方稱條），即是發明人萬秉（餅）迢（條）的諧音。

由於水泊梁山在宋江的領導下一心想被招安，想與朝廷求和，並不想戰勝或打贏朝廷，所以打麻將勝者歷來說「和」，而不說「勝」或「贏」。

筆者經考證後認為，最初打麻將只是極為普通的民間娛樂活動，是艱苦勞作後的一種放鬆，代表了百姓在封建高壓統治下對水泊梁山「大碗喝酒、大塊吃肉」自由生活的嚮往，同時麻將在全國的流行，也表明了梁山鬥爭精神在民間的生生不息。只是後來麻將進入統治者階層的生活後，才逐步演變成賭博活動與行賄工具（下級打麻將時故意輸給上級），禍及家庭與社會，才招致了人們對之的深惡痛絕。

麻將起源的另一種說法與鄭和下西洋有關。鄭和是坐著大帆船下西洋的，海上航行時，百無聊賴，鄭和以「筒」狀船上的鐵餅，以「索」狀繩纜，以「萬」狀甲兵，中、發、白字樣狀航行的旗幟，東西南北狀以辨風向的小旗指標，製成現在的麻將模樣以資消遣。

清兵分為「兵」和「勇」，哪裡不同？

經常在有關清朝的書籍、文章或影視劇上看到清兵背上有「兵」或「勇」的大字，但很多人對這兩種標誌並不知道是怎麼回事。

史載，「兵」是清代國家的常備武裝力量，包括八旗軍和綠營軍。八旗軍分為滿八旗、蒙八旗和漢八旗，這些都是大清的正規軍，直接隸屬皇帝，八旗兵為世兵制，在十六歲以上的八旗男性子弟中挑選。「餘丁」和不滿十六歲的「幼丁」，可以挑補為養育兵，即預備兵。

綠營軍則是為彌補滿軍的不足而建立的漢人組成的漢兵，是清入關後改編和新招的漢人部隊。這種軍隊以綠旗為標誌，以營為建制單位，故稱綠營兵，也叫綠旗兵，簡稱營兵。

八旗軍同綠營兵雖然使命相同，都是保家衛國，但主次不同，朝廷倚重不同。按朝廷的定制，八旗兵大部分衛戍京師，為國家精銳部隊，掌管京師安全；

綠營兵則遍布全國各地，數量要比八旗兵多幾倍乃至幾十倍。通常影視劇上浩浩蕩蕩的清代大軍都是綠營兵。

滿清入關以後，綠營兵日漸取代八旗兵的主要地位。清朝建立不久的康熙年間，力圖以和為貴，於是軍備廢弛，萎靡不振。八旗兵丁長期處於養尊處優的地位，以至於三藩起事臨陣磨槍亦難振軍威，故鎮壓三藩之功實屬綠營兵。雍正登基後，立志彰顯滿軍尚武精神，乃三令五申「八旗為滿洲根本」，大動干戈，整軍治軍，終於使得士氣大振，維護了當時的國家統治。

「勇」與「兵」相比，就是後娘養的了。雍正、乾隆朝後遇有戰事，若八旗兵和綠營兵不足用，則就地取材，臨時招募鄉勇組成軍隊，戰事完了後立即解散，不是國家正式的軍隊。直到清末太平天國時，曾國藩才改非正式的鄉勇為練勇（即湘軍），定兵制，發餉糧，稱為勇營。從此，「勇」基本代替了「兵」，成為國家的主要軍事力量。勇營的特點是拿國家餉的私募武裝，所謂「兵為將有」，士兵和軍官只忠於自己的長官，不直接效忠皇帝。

受騙為何被稱為「上當」

人們常把受騙叫做「上當」。其實「上當」的原意是指到當鋪去典當東西。那麼，到當鋪去典當東西怎麼會與受騙連繫在一起呢？原來，這裡面有一則有趣的典故。

清朝末年，直隸省廣平府（今河北省清河縣）有一個姓王的大戶，幾代人都經營當鋪，由於經營有方，生意很是興隆，積累了不少財富，是當地赫赫有名的富裕人家。

俗話說得好，富生驕奢。隨著生活的富裕，王姓大戶各房的族人逐漸失去了進取之心，開始懶於經營了，於是大家就把資金存入當鋪做入股的股東，日常的典當營業事務全交給一個名叫壽苧的年輕人來主持。

這個壽苧呢，是個酷愛讀書的人，對生意卻並不精通，處理典當業務非常隨便。像他這樣的企業ＣＥＯ，自然是很不稱職的。

王氏族人見此情景，都認為有機可乘，不約而同地從自己家中拿出一些東西到當鋪來典當。各人估定了高於物品本身的價格，要夥計如數付給，夥計不敢得罪股東老闆，壽苧也心不在焉，不加阻攔。沒過兩個月，典當的資本就被詐騙得所剩無幾了，當鋪的經營很快陷入了風雨飄搖的境地。

後來，實在支撐不下去了，乾脆關門大吉。就這樣，一家原本資金充足的當鋪遭遇破產，從世間消失了。

於是，當時在清河一帶就流傳著這麼一首民謠：「清河王，自上當，當得當鋪空了檔。」後來這首民謠逐漸在社會上傳開了，於是人們就把「上當」比喻為受了欺騙。

「一拍即合」的由來

清代小說家李綠園的長篇小說《歧路燈》，被朱自清譽為「中國舊來僅有的兩部可以稱為真正『長篇』的小說」之一（另一部是《紅樓夢》）。它以清代康、雍、乾時期的社會生活為背景，真實地描寫了一個宦門子弟譚紹聞如何墮落敗家，又如何改過自新、重振家業的故事，共有一百零八回，洋洋七十餘萬言，其與《儒林外史》、《紅樓夢》大致同時問世於清乾隆年間。

作者李綠園原名李海觀，字孔堂，號綠園，亦號碧圃老人，原籍洛陽市新安縣北治鄉馬行溝，生於寶豐宋寨（今平頂山市湛河區曹鎮鄉宋家寨）。清乾隆元年，李綠園考中丙辰恩科舉人。到四十歲時，他三次赴京應試，都名落孫山，最後一次科考後，就留京謀職，當了三年教師。後經其學生舉薦，李綠園被皇帝選任江浙漕運之職。從此，李綠園開始了他「舟車海內」的宦遊生涯。晚年任思南府印江縣（今屬貴州）知縣。宦遊中他走遍大江南北，閱盡人世冷暖，身經了宦海中滄桑變幻，留下了不少詩文，並於乾隆十四年開始創作長篇小說《歧路燈》。

他的《歧路燈》寫成後，長期以來湮處於江湖之遠，未能上達廟堂之高。直至二十世紀二〇年代，都以鈔本形式在河南鄉村流傳，知者寥寥，並未引起廣泛的注意。上世紀二〇年代起，《歧路燈》始有印本出現，才開始了對之真正意義上的學術研究。

在研究者中，值得注意的是郭紹虞與朱自清的觀點。郭紹虞是著名語言學家、文學家、文學批評史家，他於一九二八年初在《文學週報》五卷二十五號上發表了一篇題為〈介紹歧路燈〉的論文，將《歧路燈》與《紅樓夢》、《儒林外史》做比較，得出的結論是：「《歧路燈》亦正有足以勝過《紅樓夢》與《儒林外史》者在。」郭紹虞稱讚：「李綠園竟能於常談中述至理，竟能於述至理中使人不覺得是常談。意清而語不陳，語不陳則意亦不覺得是清庸了。這實是他的難能處，也即是他的成功處。這種成功，全由於他精銳的思路與雋爽的筆性，足以駕馭這沉悶的題材。」

著名作家、學者朱自清於同年年底在《一般》第六卷第四號上發表了一篇題為〈歧路燈〉的文章，認為《歧路燈》與《紅樓夢》是「中國舊來僅有的兩部可以稱為真正『長篇』的小說」，並指出「全書滴水不漏，圓如轉環，無臃腫和斷續的毛病」，「在結構上它是中國舊來唯一的真正長篇小說」。朱自清在文末說：「若讓我估量本書的總價值，我以為只遜於《紅樓夢》一籌，與《儒林外史》是可以並駕齊驅的。」評價不可謂不高。

《歧路燈》鞭辟入裡，對當時吏治的腐敗，士人靈魂的空虛，市井無賴的鑽營、狡詐和無恥，揭露得深刻、全面。作者勸戒世人：教子要嚴，延師要正，交友要慎。

這部小說的具體內容講的是明朝嘉靖年間，河南開封貢生譚忠弼，為人端正謹慎，家教甚嚴。為了給兒子選擇良師益友，很費了不少心思。譚忠弼臨終時留給兒子譚紹聞八個字：「用心讀書，親近為人。」（此為小說的主旨，對讀者具有很強的教育引導作用）。

父親譚忠弼辭世時，譚紹聞尚不到二十歲。他的同齡人中，有夏鼎、張繩祖、管貽安、盛希僑等人，出生在官宦之家，生活奢侈，不學無術，遊手好閒，不務正業，曾經引誘譚紹聞去浪蕩，譚紹聞因父親管教太嚴而沒敢去。譚紹聞父親死後，他們又經常來引誘，譚紹聞這時再也沒有人約束了，就和他們混在了一起。五人結拜為兄弟，同吃共賭。時間長了，譚紹聞也漸漸沾染上惡習。他們開賭場，嫖娼妓，造銀錢，無惡不作，成為了社會上的不良之徒。

引誘譚紹聞走上人生歧途的夏鼎等人，本來就是紈袴子弟，與譚紹聞純屬酒肉朋友，無任何真情可言，他們多次欺騙譚紹聞，致使譚紹聞深陷泥沼，不能自拔，在黑路上漸行漸遠。後來譚紹聞因作奸犯科，入獄候審，他的家人傾家蕩產，才把他從牢裡救出來。為了償還債務，譚紹聞砍完了祖墳上的樹木，遭到族人譴責，也遭盡了世人的白眼。

失去一切的譚紹聞不得已顛沛流離，備嘗窮愁潦倒之苦，終於幡然醒悟，迷途知返，決心痛改前非重新做人。四十歲時，他開始閉門謝客，潛心攻讀，後來到國子監學習。由於同族兄弟幫助，抗擊倭寇立下功勞，被任命為貴州印江縣知縣。成家後，譚紹聞經常用自己一生的經歷和遭遇告戒兒子簣初，譚簣初跟隨父親讀書，科考一路順利，後被皇帝欽點為翰林，成為一代人傑，並得以重振家業。

這部小說的第十八回中有這樣一句話：「古人云：『君子之交，定而後求；小人之交，一拍即合。』」成語「一拍即合」就出自這裡。「拍」，指樂曲的段落，也稱打拍子。一打拍子就合上了樂曲的節奏，比喻因情意相投或有利害關係，一下子就說到一起或結合在一起。

「天要下雨娘要嫁人」的「娘」是指姑娘

「天要下雨娘要嫁人」是一句使用率較高的民諺俗語，我們在說話或寫文章時常常會提到它，用來指必然發生、無法阻擋的事情。比喻事物發展有其客觀規律，不以人的意志為轉移。

關於這個典故的出處，長期以來盛行的是這樣一種說法：

傳說古時候有個名叫朱耀宗的書生，天資聰慧，滿腹經綸，進京趕考高中狀元。皇上殿試時見他不僅才華橫溢，而且長得一表人才，便將他招為駙馬。「春風得意馬蹄疾」，循慣例朱耀宗一身錦繡新貴地還鄉。臨行前，朱耀宗奏明皇上，提起他的母親如何含辛茹苦，如何將他從小培養成人，母子倆如何相依為命，請求皇上為他守寡多年未再改嫁的母親豎立貞節牌坊。皇上聞言甚喜，心中更加喜愛此乘龍快婿，准允所奏。朱耀宗喜滋滋地日夜兼程，回家拜見母親。

當朱耀宗向朱母述說了豎立貞節牌坊一事後，原本歡天喜地的朱母一下子驚呆了，臉上露出不安的神色，欲言又止，似有難言之隱。朱耀宗大惑不解，驚愕地問：「娘，您老哪兒不舒服？」

「心口痛著哩。」

「怎麼說痛就痛起來了？」

「兒呀。」朱母大放悲聲，「你不知道做寡婦的痛苦，長夜秉燭，垂淚天明，好不容易將你熬出了頭！娘現在想著有個伴兒安度後半生，有件事我如今告訴你，娘要改嫁，這貞節牌坊我是無論如何不能接受的。」

「娘，您要嫁誰？」

「你的恩師張文舉。」

聽了朱母的回答，好似晴天一聲炸雷，毫無心理準備的朱耀宗頓時被擊倒了，「撲通」一下跪在朱母的面前喊：「娘，這千萬使不得！您改嫁的話叫兒的臉面往哪兒擱？再說，這『欺君之罪』難免殺身之禍啊！」

朱母一時語塞，在兒子和戀人之間無法做到兩全其美。

原來，朱耀宗八歲時喪父，朱母陳秀英強忍年輕喪夫的悲痛，她見兒子聰明好學，讀書用功，特意聘請有名的秀才張文舉執教家中。由於張文舉教育有方，朱耀宗學業長進很快，陳秀英歡喜，對張文舉愈加敬重。朝夕相處，張文舉的人品和才華深深打動了陳秀英的芳心，張文舉對溫柔賢慧的陳秀英也產生了愛慕之情，於是兩人商定，待到朱耀宗成家立業後正式結婚，白首偕老。

殊不料，這樁姻緣卻要被蒙在鼓裡的朱耀宗無意中打散了，竟出現這樣尷尬的局面。解鈴還須繫鈴人，正值左右為難之際，朱母不由長嘆一聲：「那就聽天由命吧。」她說著隨手解下身上一件羅裙，告訴朱耀宗說：「明天你替我把裙子洗乾淨，一天一夜曬乾，如果裙子曬乾，我便答應不改嫁；如果裙子不乾，天意如此，你也就不用再阻攔了。」

這一天晴空朗日，朱耀宗心想這事並不難做，便點頭同意。誰知當夜烏雲密布，天明下起暴雨，裙子始終是濕漉漉的，朱耀宗心中叫苦不迭，知是天意。

朱母則認認真真地對兒子說：「孩子，天要下雨，娘要嫁人，天意不可違！」

事已至此，多說無益。朱耀宗只得將母親和恩師的婚事如實報告皇上，請皇上治罪。皇上連連稱奇，降道御旨：「不知者不怪罪，天作之合，由她去吧。」

這個故事，沒有注明出處，也沒點出主人公朱耀宗生活的朝代，一看就是民間傳說，是杜撰出來的。再者，這個故事中，「天要下雨娘要嫁人」的「娘」是指母親，情理上也難說得通。「天要下雨」乃自然之理，必然之勢；母親是已嫁之人，難道還非得再嫁、改嫁不可？

很顯然，「天要下雨娘要嫁人」的「娘」應當作少女、姑娘講。

「娘」字自古就有少女、姑娘之意。例如在古代，美嬌娘指的是漂亮女孩，而不是美貌的母親。宋代學問家郭茂倩編的《樂府詩集．清商曲辭．子夜歌》：「見娘喜容媚，願得結金蘭。」唐代白居易的〈對酒自勉〉詩：「夜舞吳娘袖，春歌蠻子詞。」唐代李賀的〈唐兒歌〉：「東家嬌娘求對值，濃笑書空作唐字。」這些詩句中的「娘」，很明顯都是指女孩子，絕非母親。

清人王有光《吳下諺聯》卷二「天要落雨娘要嫁人」條中說：「天，純陽無陰，要落雨則陽之求陰也；娘，孤陰無陽，要嫁人則陰之求陽也。如矢赴的，如漿點腐，其理如是，其勢如是。」這段文字從陰陽角度闡釋了「天要落雨娘要嫁人」的「道理」。從該文的「娘，孤陰無陽」之說解看，他顯然是把「娘」

當作未婚女子的，如果是已婚的「母親」，則不能說「孤陰無陽」了。姑娘嫁人合乎天理人道，是人類社會的必然規律，而「天要下雨」則是自然界的必然規律。正是基於這種邏輯上的相似點，俗語「天要下雨娘要嫁人」才具有很強的生命力，一直流傳沿用至今。

常用的十個貶義動物俗語典故

在一些含有貶義的俗語中，常常帶有動物的字眼。人們對這些詞語非常熟知，但對它們的來歷往往不甚了解。今擇最常用的十個貶義動物俗語的含義及其典故做解析，與大家共同探討。

「拍馬屁」

用於諷刺不顧客觀實際，專門諂媚奉承、討好別人的行為。該典故來源於元朝的蒙古文化。一說蒙古族的一般百姓人家都會擁有幾匹馬，以解決行路、運輸等問題，牧民們常以養得駿馬為榮。有時人們牽著馬相遇時，常要拍拍對方馬的屁股，摸摸馬膘[12]如何，並附帶隨口誇上幾聲「好馬」，以博得馬主人

12膘：牲畜胸腹間的肥肉。

的歡心。起初，人們實事求是，好馬說好，可是相沿很久以後，有的人不管別人的馬好壞、強弱，都一味地只說奉承話，把劣馬也說成是好馬了。另一說蒙古是馬上得天下的民族，所以元朝的官員大多是武將出身，馬往往是一個將領權力、身分、地位的象徵，下級對上司最好的讚美，就是拍拍他的馬，誇他的馬好。逐漸人們就把對上司的奉承稱為「拍馬」。這是因為誇讚的話是不一樣的，而拍馬的動作是一樣的。這就是「拍馬屁」的由來。後蒙古入主中原，建立了元帝國，建起了元大都，他們的文化也就逐漸滲透到漢文化中，「拍馬屁」一詞也就流傳了下來。

「一窩蜂」

人們常把許多人亂哄哄地同時說話或行動叫做「一窩蜂」。「一窩蜂」最初是一個人的綽號。中國南宋建炎年間爆發了農民起義，有一支起義隊伍的領袖叫張迂，他的綽號就叫「一窩蜂」。南末著名詩人陸游在〈入蜀記〉中就曾記述道：「建炎中，張迂號『一窩蜂』，擁兵過廟下……」這個綽號，大有揭竿蜂擁的氣勢。

到了明朝，人們使用「一窩蜂」來比喻人多聲雜的情景。吳承恩在《西遊記》第二十八回中就曾寫道：「那些小妖，一窩蜂齊齊擁上。」在現代漢語中，從感情色彩上說，「一窩蜂」屬於貶義片語，而從修辭學的角度看，「一窩峰」又是一種比喻手法，多用來比喻人多勢眾，一擁而上的情勢。

「鐵公雞」

極端吝嗇的代名詞。筆者考證，「鐵公雞」出自明代袁枚《子不語》，此著作卷二十二的〈鐵公雞〉讓人過目難忘。濟南一富翁「性慳吝，綽號『鐵公雞』，言一毛不拔也」。他要納一妾，條件是「價欲至廉，貌欲至美」。未幾，媒人帶來一女，「不索價，但取衣食充足而已」。未料半年以後，富翁「啟其所藏，已空矣」。原來女子是他家一舊房客，該富翁嫌他們「多費」而將之趕走，現在她特來報復，偷光了他的錢財，拔光了他所有的羽毛。後來人們就用「鐵公雞」來比喻一毛不拔的吝嗇鬼。

「替罪羊」

這是一個宗教典故。在基督教的《舊約聖經》中說，上帝為了考驗亞伯拉罕的忠誠，叫他帶著他的獨生子以撒到一個指定的地方，並把以撒殺了作祭獻給上帝。正當亞伯拉罕要拿刀殺他的兒子時，有個天使加以阻止，說：「現在我知道你是敬畏上帝的了，前面林子裡有一隻羊，你可用來『祭獻』上帝。」於是，亞伯拉罕便把小樹林中的那隻山羊抓來殺了，代替他的兒子獻祭。

在《新約》中則說，耶穌為救贖世人的罪惡，寧願釘死在十字架上，作為「犧牲」（祭品）奉獻天主，並囑咐他的十二門徒，在他死後也照樣去做。因為這是仿效古猶太人在向主求恩免罪時，往往殺一隻羔羊替代自己供作「犧牲」，所以教會通常又稱耶穌為贖罪羔羊。後來人們就用「替罪羊」來比喻代人受過的人。

「露馬腳」

比喻暴露了隱蔽的事實真相。朱元璋建立明朝當上皇帝後，封妻馬氏為皇后。馬皇后長得雖不漂亮，但卻溫柔端莊，舉止大方。美中不足的是，她長了一雙沒有纏過的「天足」。在以小腳為美的時代，女人腳大是一缺陷，故當上皇后的馬氏越發為自己的一雙大腳感到不安。因此，她在大庭廣眾中，總是遮遮掩掩的，盡量避免將腳露出裙外。有一天，馬皇后遊興大發，乘轎招搖過市，流覽古都風景。百姓見皇后的輿轎過市，都翹首張望，想一睹皇后的風采。不料，一陣大風吹過，轎簾被掀起一角，馬皇后的一雙大腳赫然展現在百姓面前，人們都驚訝不已，沒想到當今皇后竟有這樣的一雙腳！人們爭相傳言，全城立刻轟動了。「露馬腳」一詞就這麼流傳開了。

「白眼狼」

形容人無情無義，心地凶狠，是忘恩負義的代名詞。狼以生性凶狠著稱，而在狼群中尤以長著「吊」白眼的狼最凶狠。吊白眼是指外眼角上吊（類似丹鳳眼），眼球黑少白多，望之凶光炯炯。中山狼指忘恩負義的人，白眼狼指的是無論你對他怎麼好，他都一直是要害你的人，比中山狼尤壞。

「變色龍」

比喻反覆無常的人。變色龍本是一種四腳爬蟲類，能夠根據四周物體的顏色改變自己的膚色，以防其他動物的侵害。

《變色龍》是契訶夫[13]早期創作的一篇諷刺小說。在這篇著名的小說裡，他以精湛的藝術手法，塑造了一個專橫跋扈、欺下媚上、看風使舵的沙皇專制制度走狗的典型形象。小說的內容富有喜劇性，敘述一隻小狗咬了金銀匠的手指，巡官走來斷案，在斷案過程中，他根據狗是或不是將軍家的這一基點而不斷改變自己的面孔。作者通過這樣一個滑稽的故事，有力地揭露了反動政權爪牙們的無恥和醜惡。後來人們就用「變色龍」來比喻言而無信、反覆無常的小人。

「應聲蟲」

比喻自己胸無主張，隨聲附和他人。唐代劉束的《隋唐嘉話》說：「有患應聲病者，問醫官蘇澄，……過至他藥，復應如初。澄因為處方，以此藥為主，其病自除。」明代田藝蘅的《留青日札摘抄》卷四：「已無特見，一一隨人之聲而和之，譬之應聲蟲焉。」

「笑面虎」

表面和善，其實和老虎一樣凶猛。比喻外貌和善而內心嚴厲凶狠的人。宋代龐元英《談藪》：「先墓在會稽西山，為掌墓人奚泗所發，公袞訴之郡，杖之而已，公袞憤甚。奚泗受杖，詣公袞謝罪，公袞呼前，勞以酒，拔劍斬之，持其首詣郡……公袞性甚和，平居常若嬉笑，人謂之笑面虎。」

「狗腿子」

走狗，為惡勢力效勞幫凶的人。傳說從前有個富人的腿斷了，一個奴才為討好主人歡心，主動要求截下自己的腿為主人接上。主人問：「你自己的腿怎麼辦呢？」奴才說：「我可以接上一條狗腿。」「那狗的腿又怎麼辦呢？」「給狗用泥巴捏上一條。」所以，狗在撒尿時，總要把後邊一條腿翹起來，是怕那條用泥巴捏的腿讓尿給沖掉了。這就是「狗腿子」的來歷。

13契訶夫：十九世紀末俄國的短篇小說作家，其劇作對二十世紀的戲劇產生了很大的影響。

出現頻率最高的十大外國典故

第二十二條軍規

「如果你能證明自己發瘋，那就說明你沒瘋。」源出美國作家約瑟夫·海勒根據自己在第二次世界大戰中的親身經歷所創作的黑色幽默小說《第二十二條軍規》。這部小說太有影響力了，以至於在當代美語中，「第二十二條軍規」已作為一個獨立的單詞，使用頻率極高，用來形容任何自相矛盾、不合邏輯的規定或條件所造成的無法擺脫的困境、難以逾越的障礙，表示人們處於左右為難的境地，或者是一件事陷入了死循環，或者跌進邏輯陷阱等等。

烏托邦

源出希臘文 οὐ（無）和 τόπος（地方），意即「烏有之鄉」。西元一五一六年，英國空想社會主義者謨爾在其《烏托邦》一書中，描述了一個他所憧憬的美好社會，即烏托邦。那裡一切生產資料均歸全民所有，生活用品則按需分配；人人都從事生產工作，並有充足的時間供科學研究和娛樂；那裡沒有酒店妓院，也沒有墮落和罪惡……故此詞喻指根本無法實現的理想或空想的美好社會。

阿基里斯的腳跟

希臘神話英雄阿基里斯唯一能被刺傷的地方。他出生後，母親海洋女神忒提斯抓著他的腳跟在冥河裡浸泡，因此他全身除腳跟外其他地方都刀槍不入。比喻易受傷害的地方或致命弱點。

奧革阿斯的牛圈

出自希臘神話。奧革阿斯是太陽神的兒子，他養了無數的牛，糞穢堆積如山，從未打掃過。比喻累積成堆或骯髒腐敗、難以解決的問題。

滑鐵盧

西元一八一五年，在比利時的滑鐵盧，拿破崙率領法軍與英國、普魯士聯軍展開激戰，法軍慘敗。隨後，拿破崙以退位結束了其政治生涯。「滑鐵盧」被用來比喻慘痛的失敗。

布里丹之驢

以十四世紀法國哲學家布里丹名字命名的悖論。有一頭饑餓毛驢站在兩堆同樣的乾草之間，居然不知吃那邊的乾草才好，結果餓死了。比喻那些優柔寡斷的人。

比馬龍效應

比馬龍是古希臘神話中賽普勒斯的國王，善雕刻。一次他雕刻一座美麗的少女像，在夜以繼日的工作中，比馬龍把全部的精力、全部的熱情、全部的愛戀都賦予了這座雕像。後來，愛神維納斯見他感情真摯，就給雕像以生命，使兩人結為夫妻。於是「比馬龍效應」成為一個自我應驗預言的觀點，內心常帶有負面期望的人將會失敗；內心常帶著正面期望的人將會成功。

多米諾骨牌效應

多米諾骨牌是一種西洋遊戲，將許多長方形的骨牌豎立排列成行，輕輕推倒第一張牌後，其餘骨牌將依次紛紛倒下。「多米諾骨牌效應」常指一系列的連鎖反應，即等同於人們所說的「牽一髮而動全身」之意。

潘朵拉的盒子

潘朵拉是希臘神話中第一個凡世女子。普羅米修斯盜天火給人間後，主神宙斯為懲罰人類，命令神用黏土塑成一個年輕美貌、虛偽狡詐的女人，取名「潘朵拉」，意為「具有一切天賦的女人」。並給了她一個禮盒，然後將她許配給普羅米修斯的弟弟伊比米修斯。伊比米修斯不顧禁忌地接過禮盒，潘朵拉趁機打開它，於是各種惡習、災難、疾病和戰爭等立即從裡面飛出來了。最後盒子裡只剩下唯一美好的東西：希望。但希望還沒來得及飛出來，潘朵拉就將盒子永遠地關上了。故「潘朵拉的盒子」常被用來比喻災害的根源。

達摩克利斯劍

達摩克利斯是希臘神話中暴君迪奧尼修斯的寵臣，他常說帝王多福，以取悅帝王。有一次，迪奧尼修斯讓他坐在帝王的寶座上，頭頂上掛著一把僅用一根馬鬃繫著的利劍，以此告訴他，雖然身在寶座，利劍卻隨時可能掉下來，帝王並不多福，而是時刻存在著憂患。後來人們常用這一典故來比喻隨時可能發生的潛在危機。

國家圖書館出版品預行編目(CIP)資料

不說你不知道!歷史老師沒教到的幽默物語 / 劉繼興著. -- 初版. -- 新北市:晶冠出版有限公司, 2022.01
面; 公分. -- (新觀點; 22)
ISBN 978-986-06586-9-9(平裝)

1. 世界史 2. 通俗史話

711 110019139

新觀點 22

不說你不知道!歷史老師沒教到的幽默物語

作 者 劉繼興
行政總編 方柏霖
責任編輯 王逸琦
封面設計 柯俊仰
內頁排版 李純菁
出版企劃 晶冠出版有限公司
總 代 理 旭昇圖書有限公司
電 話 02-2245-1480(代表號)
傳 真 02-2245-1479
郵政劃撥 12935041 旭昇圖書有限公司
地 址 235 新北市中和區中山路二段 352 號 2 樓
E-MAIL s1686688@ms31.hinet.net
旭昇悅讀網 http://ubooks.tw
印 製 福霖印刷有限公司
定 價 新台幣 350 元
出版日期 2022 年 01 月 初版一刷
ISBN-13 978-986-06586-9-9

※ 本書為改版書,原書名為《歷史老師來不及教的幽默奇聞》。

版權所有・翻印必究。
本書如有破損或裝訂錯誤,請寄回本公司更換,謝謝。
Printed in Taiwan.